나는 여기
잘
도착했다

우리가 마주한
제주의 하루

* 이 책은 2024년 한국문화예술위원회 '문학기반시설 상주작가 지원사업'의 일부 지원을 받아 제작되었습니다.

나는 여기 ——————— 잘 도착했다

우리가 마주한
제주의 하루

고창화	기 낭
김싱숭	김윤옥
말로장생	민은지
박민진	배윤정
손정은	양민희
오순주	이 랑
전근아	조미연
청 정	홍진영

책을 열며

'지금, 여기'에 닿기 위한 글쓰기 여정

강건모(작가, 문학편집자)

　글을 쓴다는 것은 삶의 한 순간에 이름을 지어주는 일이다. 찰나의 기억, 스쳐 지나가는 감정, 어렴풋이 떠오르는 생각들을 붙잡아 활자라는 옷을 입혀 세상에 내놓는 행위. 그것은 사진을 찍어 앨범에 정리하는 것과 비슷하면서도, 그 이상의 의미를 지닌다. 사진은 시각적인 기록이지만, 글은 감정과 생각을 담아내어 그 순간을 더욱 깊이 있게 만들어주기 때문이다.

　『나는 여기 잘 도착했다―우리가 마주한 제주의 하루』는 제주에서 살아가는 16명의 필자가 하루 24시간 중 각자의 순간을 담아낸 25편의 이야기를 엮은 것이다. 어떤 이는 이곳에서 태어나 자랐고, 또 어떤 이는 삶의 어느 순간 이 섬을 찾아와 새로운 시작을 맞이했다. 그들의 경험은 저마다 다채롭지만, 인간은 누구나 '거기'에서 '여기'로 이동하며 변화한다는 점에서 "잘 도착했다"는 무덤덤한 고백 혹은 선언은 어딘가 뭉클하다.

1부 「어둠에서 빛으로」(00시~06시)는 이른 새벽의 고요, 불면, 삶의 질문들이 깃든 시간을 그려낸다. 하루의 시작이자 동시에 어떤 이들에겐 지난 날의 끝인 시간. 자정을 넘긴 고요 속에서 유년 시절의 기억, 독서와 글쓰기의 습관, 깊은 회상들이 펼쳐진다. 3시와 4시를 기점으로 중년의 몸과 감정 변화, 상실의 서사, 삶의 불확실성에 대한 사유가 등장한다. 한밤과 새벽 사이, 글을 쓰는 행위는 혼자이되 고립이 아닌, 내면으로 향하는 길이 된다.

2부 「햇살의 울림」(07시~12시)은 하루가 본격적으로 시작되는 시간대의 기록이다. 아침의 빛과 현실이 교차한다. 이주민의 시선에서 바라본 제주 생활의 민낯, 지역성과 생계, 아이와 함께하는 육아의 일상 등 현실감 있는 풍경이 담긴다. 독서와 예술, 돌봄과 노동 사이에서 자기만의 '리듬'을 찾으려는 시도가 이어진다. 오전의 햇살 아래 숨겨진 내면의 울림을 차분히 드러내며, 제주의 하루가 조금씩 깨어난다.

3부 「한낮의 사색」(13시~16시)은 하루의 중심, 햇빛이 가장 강

럴한 시간대를 다룬다. 그러나 가장 밝은 빛 그 안에서 오히려 깊은 감정이 들끓는다. 과거의 상처, 이별의 기억, 삶의 전환점 등 뜨거운 감정이 응축된 글들이 주를 이룬다. 특히 4시에 대한 상징적 에피소드는 '기억의 삭제와 회복'을 정면으로 다룬다. 겉보기엔 평온한 오후지만, 글 속 인물들은 '사색'이라는 이름의 내면 분투를 이어간다.

4부 「다시, 문턱에서」(17시~24시)는 하루의 마무리, 그리고 다시 새로운 날로 향하는 문 앞의 이야기들의 모음이다. 가족의 부재, 죽음, 상실, 회복, 용서의 이야기들이 등장하며 감정의 밀도가 가장 짙어진다. 각자의 방식으로 저녁을 보내는 이들은 삶과 죽음, 희망과 무력감 사이에서 정직하게 자신을 마주한다. 그로써 밤은 닫히는 시간이 아니라, 다시 하루를 시작할 수 있게 해주는 숨의 공간이 된다.

이 책의 콘셉트는 시간이다. 시간은 이야기의 관점을 제공함과 동시에, 기억과 회상을 이어주는 매개체로 작용한다. 하루의 특정 순간을 깊이 들여다보면 자연스럽게 '그때 내가 왜 그랬을까?'라는 질문과 마주할 때가 있다. 경험과 의미가 얽히고, 나를 짓누르던 감정들과 다시 조우하게 되는 시간. 이를테면 "매일 밤 11시에 글을 쓰는 나는 어제와 같은 사람일까?"라는 물음은 곧 자아의 변화를 탐구하는 철학적 질문이 된다. 이 책은 그러한 질문에서 출발한 고민의 흔적이다. 필자들은 각자가 선택한 시간 속에서 자신을 돌아보고, 글쓰기를 통해 그 순간을 다시 살아내며 삶을 새롭게 해석하는 기회를 가진 셈이다.

100일이 조금 넘는 기간 동안, 필자들은 스스로를 탐색하며 서로의 경험과 깊이 연결되었다. 처음에는 어디서부터 시작해야 할지 막막했고, 때로는 문장이 막혀 한동안 머뭇거리기도 했을 것이다. 하지만 글을 쓰는 일이 원래 그렇다. 종이 위에 한 줄도 쓰지 못해 고민하는 동안에도, 보이지 않는 곳에서 문장은 조용히 자라고 있다. 그리고 자신의 경험과 감정을 끝까지 마주했을 때 마침내 문장은 우리에게로 온다.

'100일 글쓰기'라는 대장정이 막을 내린 후에도, 필자들은 여러 차례 저자 교정을 거치며 마지막까지 심혈을 기울였다. 그리고 나는 이 시간이 진짜 글쓰기였다고 생각한다. 새로운 영감을 좇는 찰나의 글쓰기도 좋지만, 끊임없이 고쳐 쓰며 주어진 질문에서 쉽게 벗어나지 않는 것이야말로 쓰는 사람의 진면목이기 때문이다. 출판 기획부터 집필, 퇴고, 편집, 출간에 이르는 과정을 두루 경험한 이 시간이 앞으로의 글쓰기 삶에 든든한 밑거름이 되기를 바란다.

이 책이 출간되는 데 도와주신 분들이 많다. 아름다운 표지 일러스트를 선물해주신 클로이 작가님, 이 글쓰기 여정을 응원하고 지지해주신 함덕32 배진섭 대표님과 박지영 선생님, 흔쾌히 추천의 글을 보내주신 현택훈 선생님과 지혜 작가님, 지역서점에서 상주작가로 활동할 기회를 마련해준 한국문화예술위원회에 깊이 감사드린다.

차례

책을 열며 | '지금 여기'에 닿기 위한 글쓰기 여정 | 강건모   5

1부 어둠에서 빛으로

0시   어제와 다른 나로 거듭나기 | 오순주   14
01시   묵언 밤 산책 | 손정은   20
02시   ○새○벽○두○시○함○덕○삼○십○이○ | 김싱숭   28
03시   당신의 갱년기는 몇 시인가요 | 기낭   39
04시   김밥을 말며 | 고창화   46
05시   제주에서 12년째 실험 중 | 민은지   58
06시   나는 여기 잘 도착했다 | 김윤옥   67

2부 햇살의 울림

07시   고요 | 청정   78
08시   불편한 진실 | 이랑   85
09시   나의 북토피아 | 박민진   94
10시   숲속의 수레바퀴 | 배윤정   102
11시   아름다운 때 | 청정   111
12시   그림자가 사라지면 내가 보인다 | 기낭   117

3부 한낮의 사색

13시 애월의 달 | 배윤정	126
14시 대체로 행복합니다 | 홍진영	134
15시 나와 친해지기 | 양민희	142
16시 안녕, 4시 | 말로장생	149
17시 레드선, 구남동 | 홍진영	160
18시 이제 어둠에 스며들어볼까 | 전근아	165

4부 다시, 문턱에서

19시 내 인생의 리셋 버튼 | 손정은	174
20시 소등하는 시간 | 김싱숭	181
21시 작은 창문 | 조미연	190
22시 밤의 조각들 | 민은지	199
23시 부부 | 이랑	208
24시 불행하지 않은 밤 | 양민희	218

책을 닫으며 | 한 문장씩 쌓아올린 시간	226

1

어둠에서
빛으로

그 시각이 가장 빛났던 때는 시를 쓰던 순간들이었다. 술에 취했든 정신이 또렷했든, 대부분은 시를 쓰기 위해 진통하던 날들이었다. 천장만 바라보며 괴로워하던 순간들도, 창밖을 응시하며 멀리 있는 목표를 겨누던 열정적인 순간들도, 돌아보면 시를 쓰던 시절의 쾌감 속에서 가장 환히 빛나고 있었다.

0시

어제와 다른 나로 거듭나기

오순주

평화를 사랑한다. 거창한 의미에서부터 일상의 작은 고요까지, 다양한 형태의 평화를 소중히 여긴다. 그런 면에서 책 읽기는 내 안에 잔잔한 평화를 선물해주는 시간이다. 그래서 자주, 그리고 즐겁게 읽는다.

어린 시절 대부분을 자연과 함께 살아온 나에게 이 공기, 바람, 바다의 향기는 당연하게 일상에 스며들어 있다. 그래서 보통은 일상 속의 자연을 당연하게 받아들이곤 하지만, 오늘 밤처럼 고요한 평온함이 찾아와주면 새삼스럽게 고마운 마음이 든다.

잠깐 창문을 열어 바람을 느껴본다. 살짝 서늘한 바람이 기분 좋게 피부를 스친다. 밤이슬에 젖은 식물 냄새가 난다. 살아있든 아니든 상관없이 밤이슬은 어디에든 앉아 있다. 바람에 실린 자연의 냄새는 순식간에 나를 열 살 남짓한 꼬마였던 그 시절로 데려간다.

오조리에서의 제삿날, 할머니 댁에서의 기억이 떠오른다. 가로등이 없어 밤이 되면 어둠이 깊게 내려앉던 집이었다. 그래서인지 가까운 숲에서 은은히 퍼져오는 냄새는 어딘가 낯설면서도 기분 좋은 감각을 남겼다. 긴 세월 젖었다가 말랐다가를 반복하며 거친 감촉이 누그러진 현무암 돌담. 집의 경계를 알리는 돌담 끝에는 복숭아나무가 한 그루 있었는데 작은 열매가 맺혀 있었다. 내가 복숭아 이야기를 꺼내자 어른들은 "좀 더 기다렸다 따 먹어야다. 아직 익지 않은 복숭아여"라고 말했다.

아직 익지 않은 복숭아. 기다림이 필요했겠구나. 동생 낫게 하려고 서울대학병원에 몇 해를 다닌 엄마도 나에게도.

일주일에 한 번 제주에 돌아오신 엄마는 외로웠을 딸에게

"순주 배고파?"라고 물으셨고 나는 고개만 끄덕끄덕했다고 했다. 엄마는 이 말씀을 얼마 전까지도 하셨다. 그러면서 계속 미안함을 보이셨지만, 나는 엄마의 지친 모습이 더 많이 기억난다. 파랗게 죽어가던 동생을 보았던 내가 엄마 앞에서 투정을 부릴 수는 없었다. 엄마의 우려는 깊었지만, 나는 기가 죽었던 것이 아니고 눈치만 보는 아이도 아니었다. 길었던 하루하루를 지나 기다림의 대가였는지 가족 모두가 바라던 대로 동생이 건강을 찾게 되었고, 나는 기다릴 줄 아는 사람이 되었다. 친구들이 별명처럼 말해주던 착한 아이가 아니라, 평안함을 유지하며 기다릴 줄 아는 마음을 잘 키워가는 한 사람이.

다시 창밖을 바라보며 나를 되돌아본다. 딸아이 나이일 때의 나, 아들 나이일 때의 나, 그리고 바빴던 이삼십대, 그리고 어제의 나까지. 이 모든 시간이 빠르게 지나간 듯하면서도, 이 순간은 마치 시간이 멈춘 것처럼 느껴진다. 바람, 별, 달빛, 그리고 가족. 모든 것이 나를 둘러싸고 있지만 나는 그들 모두와 떨어져 나만의 시간 속에 잠겨 있다.

어렸을 때는 나도 먹는 게 싫고 놀러 다니는 게 좋았다. 작은 몸인 데다가 또래들보다 한 살 어리다보니 모든 게 서투른 편이었다. 나는 고무줄놀이도 못 했고 공기놀이도 형편없었다. 그럼에도 친구들은 함께 놀 수 있게 해주었고, 내가 가는 곳에는 늘 친구들이 모였다. 동네에서 이 집 저 집마다 놀러 가면 친구들은 달리기경주 놀이도 하고 땅바닥에 비석치기 그림도 그려놓고 잘 놀았지만, 나는 그런 것에 영 소질이 없어서 책 읽기를 했다. H네 집에 가면 새로 산 동화 전집이 있고, J네 집에 가면 낡은 디즈니 전집이 있고, K네 집에 가면 글이 많이 들어간 책이 있었다. 나는 그 친구들의 손때가 묻지 않은 책들까지 모두 읽었다. 결핍이 낳은 '책 읽기'였다.

집에서 특별히 할 놀이가 없을 때면 동생과 책을 읽었다. 대부분 헌 책이었는데, 친척 언니나 오빠들이 읽던 책이나 동네 대학생 오빠들이 쓰던 책이 많았다. 예스러운 문체였지만 책의 내용에 빠져들기에는 큰 문제가 되지 않았다. 내가 고전문학을 좋아하게 된 것은 특별한 안목이 있어서라기보다는 이런 유년 시절의 독서 경험 덕분일 것이다. 지금 하고 있는 책 읽기 도전 역시 그 연장선에 있다.

사람들이 완독하기 어렵다고 말하는 책을 나는 근거 없는 자신감으로 사들여 도전하곤 한다. 그러다 가끔 같은 줄을 반복해 읽는 자신을 문득 알아차리고 시간을 확인해본다. 어제가 지나고 새로운 하루가 시작된 지금, 시계는 자정을 가리키고 있다.

책갈피를 책 사이에 꽂아두고 이젠 나도 잠을 잘까 하여 침실로 갔다가 남편과 아이들이 자는 모습을 물끄러미 보게 된다. 수다를 떨다가 놀다가 겨우 잠든 아이들, 그 옆에 막내 도닥이다 잠든 남편이 있다. K-남편의 무거운 의무감이나 책임감 따위를 손에 쥐고 머리에 이고 사는 사람. 그럼에도 자는 모습은 이렇게 강아지 같다. 덮고 있던 이불이 몸 밑에 깔려 있다. 꺼내어 덮어주고 싶지만 그러면 잠이 깰 것이다. 긴장된 자세를 취할지도 모른다. 머리만 닿으면 쉽게 잠드는 사람인데도 어느 때는 고양이처럼 예민하다. 더 편하게 잠들길 바라며 막내아이가 덮고 있는 이불을 조금 더 끌어올려 그를 덮어주었다. 든든한 가장이 되기 위해 애쓰며 사는 남편에게 지금은 내가 따뜻한 시간을 준 것 같아 괜히 흡족한 마음도 든다.

거실 테이블 앞에 앉아 차가운 커피를 한 모금 마셨다. 식은 커피가 아니다. 아이들이 아빠 커피 엄마 커피를 차가운 정수기 물로 타서 대령해준 커피다. 커피 한 모금으로 괜한 미소가 나온다. 테이블 앞에 앉아서 다이어리를 펴고 펜을 잡는다.

가족들이 모두 잠든 이 시간, 나는 오롯이 나 자신과 마주하며 나에게 수없이 많은 질문을 던져보고 답하기를 하다가 다시 현재로 돌아와서 지금, 이 순간을 기록하고 있다. 1년 중 어떤 날의 0시에는 종을 울리고 소란스럽게 나팔 불며 폭죽을 터뜨리겠으나 오늘 밤은 그날이 아니다. 그저 조용한 밤의 고요함 속에서 밤벌레들만이 소란하다. 분주한 그들만의 축제 소리에 나는 도리어 안온해진다.

낮에 있었던 속 뜨거웠던 일들이 상기되었다. 이불 킥을 하든 소리를 지르든 어떤 행위가 나왔을 터지만 이렇게 평온할 때에는 '그럴 수 있지, 그들도 나도' 하고 이해되지는 않지만, 그냥 꿀꺽 넘겨진다.

나의 0시는 이렇다. 어제와 다른 나로 거듭나기를 도와준다. 나한테 왜 그러냐고 따져 묻고 싶었던 씁쓸한 마음과 상대의 마음을 상하게 하지 않기 위해 겸양의 격률을 갖춘 대화를 하느라 스스로 상처 입힌 나 자신을 달래볼 수 있다. 하루가 달라진 것이니 힘든 하루를 겪었다면 달라진 오늘에는 그 마음 털고 살 수 있게 해준다.

평온한 이 시간은 자연도 집도 모두 나를 위한 환경을 만들어준 것처럼 착각도 하게 하여 새로운 나로 거듭나기에 충분하다. 조급하지도 않은 상황이고 어제와는 특별히 달라진 것도 없는 지금이지만 내가 직접 나를 새롭게 만들어낼 수 있는 시간이다. 어제는 불만이 가득했고, 분노에 사로잡혀 있었지만 새로 나온 오늘은 긍정으로 시작이다.

23시 59분에 머물러 있던 분침이 째깍, 하고 시침과 겹치는 그 순간, 나는 나를 바라본다. 12라고 쓰여 있는 문자를 0으로 읽어내는 시간. 그렇게 나는 하루의 끝에서 찾은 나만의 시간을, 하루를 여는 시간으로 만든다. 이제 나는 잠시 잠에 드는 것으로 쉼표를 찍은 후, 방금 시작된 새로운 하루를 이어갈 것이다. 평화로운 쉼 이후에 새로워진 내가 살아갈 것이다.

01시

묵언 밤 산책

손정은

노을을 사랑하고 세계 여행을 꿈꾸는 몽상가. 현실에서는 제주와 육지를 오가며 일하는 직장인. 우연히 제주살이를 하다가 만난 작가와 결혼해 애월에 작은 책방을 열었고, 이제는 책과의 여행을 즐기고 있다.

우리는 걷고 있다. 묵언의 밤 산책을 하고 있다. 한낮의 햇빛처럼 의미가 분명했던 언어가 사라진 밤이다. 소나무 가지에 걸린 눈썹달이 끔벅끔벅 졸음을 쫓고 있다. 발밑에선 풀벌레와 발소리가 서로 장단을 맞춘다. 말이 빠른 나와 행동이 굼뜬 그 사이에 말도 글도 아닌 것들이 재잘재잘 떠다니고 있다.

"걷기 좋은 밤이네."

마당에 나갔다 들어온 그의 한마디로 시작된 산책이었다. 자정이 넘은 시간에 어둠 속에서 뭘 보았는지 그의 눈이 초롱초롱 빛났다. 밤 산책을 좋아하는 그는 내가 밤늦게 일하느라 바쁠 때면 혼자 밤 산책을 하고 돌아와서 밤길에 만난 것들에 대한 이야기를 잔뜩 들려주곤 했다. 밤 산책을 가고 싶은 얼굴, 묵언의 신호였다.

나는 마침 컴퓨터 앞에서 여러 문서들과 씨름하며 밀린 회사 일을 막 끝낸 참이었다. 재택근무를 하면서도 회사 루틴에 맞춰 생활하는 습관은 전혀 달라진 게 없었다. 그러니까 나에게 새벽 한 시는 밤길이 아니라 꿈길을 걷기에 좋은 시간이었다. 그날도 평소처럼 집에서 야근을 한 터라 노트북을 덮자마자 얼른 이불 속으로 들어가고 싶은 생각뿐이었다. 그런데 이상하게도 그의 말에 마음이 이끌렸다.

창밖에서 흘러드는 밤공기가 유독 상쾌하게 느껴졌다. 어쩌면 나도 모르게 숨 돌릴 틈을 찾고 있었는지도 모른다. 잠깐의 망설임 끝에 겉옷을 걸치고 문을 나섰다. 이름을 알 수 없는 꽃 향기가 코끝에 와 닿았다. 그의 말처럼 정말 걷기 좋은 봄밤이었다.

"어디로 걸을 거야?"

"그냥, 발길 닿는 데로."

그는 늘 이런 식이다. 하지만 목적지도 없이 그냥 밤에 걷는다는 것은 내게 익숙한 방식이 아니다. 가끔씩 가는 등산 코스만 해도 그렇다. 오백 미터 이하의 산 정상을 목표로 네다섯 시간을 걷다가 어두워지기 전에 하산하는 코스가 나는 딱 좋다. 어쩌다 일출 산행을 가게 되면 많은 인파를 피해 어둑한 새벽에 출발했다. 나는 주로 꼭대기와 가까운 주차장을 택해, 어둠 속 산행을 가능한 한 짧게 줄이곤 했다.

처음 만났을 때 나는 우리가 그렇게나 닮았다는 사실이 놀라웠다. 이제는 우리가 이렇게나 다르다는 사실에 놀라곤 한다. 나는 아침형 인간이라 해 뜨는 시간에 맞춰 하루를 시작하는 것을 좋아한다. 하지만 그는 해질녘부터 새벽이 가장 창의적인 밤도깨비형 인간이다. 내가 계획을 세우고 하나씩 일을 진행하는 편이라면, 그는 큰 그림을 그리고 그 안에서 자신의 흐름을 만드는 방식으로 일하는 편이다. 하지만 우리가 다른 것은 아무 문제가 되지 않는다. 오히려 그가 나처럼 생각하거나 행동하지 않아서 흥미로울 때가 많다.

오랜만에 함께 산책을 하니 밤바람을 쐬며 오손도손 이야기를 나누는 시간이 될 거라 살짝 기대했던 것 같다. 요즘 기분은 어떤지, 가족들이나 친구들에게는 별일이 없는지, 앞으로 계획은 어떠한지 등 이 밤길을 환히 밝히기에 좋은 이야기들을 나눌 수 있기를 바랐다. 그런데 십 분쯤 걸었을 때, 그가 갑자기 엉뚱한 제안을 꺼냈다.

"우리, 말하지 않고 걸어볼까?"

그는 밤이 되면 평소엔 잊고 지냈던 감각들이 깨어난다며, 말없이 산책을 해보자고 제안했다. 조금은 뜻밖이었지만, 이참에 뒤죽박죽 복잡한 머리를 식히고 생각도 비워볼 수 있을 것 같았다.

"오케이. 말 안 하는 거 말고 또 다른 규칙 있어?"

"있지. 옆에서 걷는 사람의 생각이나 느낌을 계속 상상하는 거."

호기심이 일었다. 침묵 속에서 상대의 감정을 헤아리는 산책이라니 묘하게 흥미로웠다.

"좋아, 해보자."

그때부터 우리는 말없이 걸었다. 발끝마다 밤의 기운이 스며들고, 머릿속엔 각자의 밤이 은밀히 피어났다.

예전에 서울에 살 때 이와 비슷한 방식으로 야간 둘레길을 걸은 적이 있었다. 가로등 하나 없는 외진 길이 나타날 때마다 나는 스마트폰 플래시를 켰다. 하지만 그럼에도 나무뿌리나 돌에 걸려 넘어질까 잔뜩 긴장할 수밖에 없었다. 그러던 중 모임의 리더가 내게 천천히 가도 좋으니 플래시를 끄고 밤눈을 켜고 걸어보라고 말했다. 하지만 안전을 가장 중요하게 생각하는 내게 그것은 무모한 시도로 보였다. 산행 중간중간 맨발로 걷기도 하던 리더는 발끝에 눈이 달린 듯 밤길을 편안하고 자유롭게 걸었다. 나는 반신반의하며 플래시를 끄고 한 발짝씩 걸음을 내디뎌보았다. 조금 시간이 걸리긴 했지만, 점차 밤길이 더 넓고 선명하게 보이기 시작했다. 무엇보다도 나만의 리듬이 훨씬 더 편안해지고, 걷는 일이 한층 더 즐거워졌다.

한 번도 그에게 얘기한 적 없는 경험이지만, 그는 이미 밤눈을 켜서 걷고 있는 사람인 것 같다. 나는 스마트폰을 꺼내 플래시를 켠다. 우리의 규칙에 플래시를 켜지 않는다는 조항은 없다. 다만 옛 경험을 떠올려 최대한 불을 약하고 낮게 켜서 내 밤눈을 열어본다.

흔들리는 불빛이 발밑의 어둠을 거칠게 훑는다. 길에 떨어진 벚꽃이 새하얗게 빛난다. 흡사 눈길을 걷는 느낌이다. 지난 겨울 어느 밤에도 우리는 이 길을 함께 걸었다. 성큼성큼 보폭을 키우고 걷다가 갑자기 눈밭에 드러눕기도 하는 그와 달리, 나는 눈 쌓인 데가 푹 꺼지거나 발이 미끄러질까봐 조심조심 걸었던 게 생각난다. 신이 난 아이처럼 뒹굴던 그가 당신도 한

번 누워보라고 말했을 때, 마지못해 엉거주춤 누운 채로 보았던 내 눈높이의 세계. 고도 165센티미터에서 20센티미터로 시야가 훅 낮아지는 순간, 나는 아주 어렸을 때 처음 맡은 겨울의 냄새를 떠올렸다. 그는 지금 무슨 생각을 하며 걷고 있을까. 물어보고 싶지만 지금 우리의 대화 방식은 침묵과 상상이다.

어느덧 우리는 어두운 길을 지나 골목에 들어서자 가로등 불빛이 우리를 적신다. 꽃들이 수놓아진 돌담 너머에서 개가 짖는다. 신경질 섞인 단단한 소리 하나가 온 마을을 깨우는 듯하다. 마당에 목줄을 한 채 묶여 있는 자그마한 강아지가 보인다. 꼬리를 살랑살랑 흔들면서도 우리를 보고 계속 짖는다. 개가 짖는 건 두려움 때문이라고 어느 책에서 읽은 적이 있다. 소리를 내서 나 두렵다고 자꾸 알리려는 거라고. 강아지에게 가까이 다가가서 그 두려움을 어루만져주고 싶어진다. 괜찮아. 우리는 너를 위협하지 않아. 하지만 강아지에게 우리는 그저 이 깊은 밤에 처음 마주친 낯설고 두려운 존재일 뿐이다.

처음 그와 내가 서로를 알게 되었을 때도 같은 마음이 들지 않았던가 싶다. 반가운 마음이 들면서도 동시에 두려운 존재. 그래서 정현종 시인이 그러지 않았던가. "한 사람이 온다는 것은 실로 어마어마한 일, 한 사람의 일생이 오기 때문"이라고. 결혼에 관심이 없던 우리는 연애를 시작하면서 서로에게 아무것도 바라지 않기를 약속했다. 각자의 행성에서 40년

이상을 살아온 낯선 두 우주가 만났다는 것은 기적이다. 그럼에도 불구하고 마음속에 어떤 불안이 엄습하면 우리는 강아지처럼 덜덜 떨었다가 꼬리를 흔들면서 마음을 닫았다 열었다를 반복했다. 어느새 우리의 연애도 3년이 넘어간다. 그는 최근에 어머니가 편찮으셔서 한 달간 육지에 다녀온 적이 있다. 어머니를 걱정하는 마음과 제주에 계속 살고 싶다는 마음. 그의 발소리를 들으며 나는 두 마음의 갈등을 상상해본다.

어느덧 동네 골목을 빠져나와 야트막한 오르막길이 보인다. 드디어 숲길 앞에 도착해서 시계를 보니 벌써 새벽 두 시다. 오늘따라 두 눈이 초롱초롱 깨어 있는 내가 신기한지 그는 시계와 나를 번갈아 쳐다본다. 나는 다시 한 번 오케이 사인을 보낸다.

생각해보면 그와 제주도에서 걸었던 밤길은 항상 진한 감각을 기억으로 남기곤 했다. 4월의 봄밤, 우리는 동네 벚꽃길을 걸었다. 까만 밤하늘 아래 벚꽃들은 온 세상에 가득 눈부시게 빛났다. 새하얀 벚꽃눈은 소복소복 길에 쌓였다. 바람에 따라 벚꽃눈은 물결지어 하늘에서 길에서 팽그르르 날아다녔다. 겨울에 만든 눈사람 커플처럼 우리는 벤치에서 한참 벚꽃눈을 맞고 앉아 있었다.

숲길에 들어서자 생각보다 나무가 빽빽해서인지 칠흑같이 어둡다. 하지만 숲내음은 진하게 우리를 둘러싼다. 어제 비가 와서인지 나무의 향도 그윽하고 언젠가 맡았던 귤꽃향이 나는 것 같기도 하다.

어두운 숲길을 우리는 말없이 걷고 있다. 끝이 보이지 않은 이 숲길에 끝은 있는 걸까 궁금해진다. 하지만 인생이 그렇듯 그런 건 별로 중요하지 않다. 생각해보면 오랫동안 혼자 살기로 결심해온 나에게 그는 인생의 덤 같은 존재이다. 어둠 속에 작은 온기가 되어주는 그가 이렇게 내 곁에 있다는 것만으로 한결 마음이 편안해진다.

우리는 함께인 동시에 혼자 이 밤을 걷고 있다. 묵언 밤 산책을 하다보니 우리가 앞으로 걸어가야 할 길들이 보이는 듯하다. 그가 어떤 길을 가든 함께하리라 결심해본다. 말없이 그의 손을 잡아본다.

02시

○새○벽○두○시○함○덕○삼○십○이○

김싱숭

나는 자주 마음이 어수선하고 불안정하다. 머리를 감고 드라이를 잘 안 해서 생긴 비듬 같다. 누가 울면 서둘러 나가기 위해 머리를 어서 감고 튕겨나간다. 마음은 좋으나 준비가 항상 덜 된 나는 마음만 급해서, 무엇을 향하면서도 항상 싱숭생숭하다. 그럴 때 비듬처럼 글감이 떨어진다. 시가 아니라 산문을 쓰는 나를 김싱숭이라 부른다.

새벽 2시는 하루의 가장 끝자락에 꽂을 수 있는 압정 같은 시간이다. 어제를 끌고 와 오늘이라 부를 수 있는 경계선 같은 순간이다. 대부분의 밥집은 밤 10시쯤 문을 닫지만, 술집은 새벽 2시까지 영업을 이어간다. 새벽 2시 넘어까지 문을 여는 곳은 "밤 식당"이 아니라 "새벽 장사"로 불린다.

젊은 시절에는 전날 시작된 술자리가 다음 날 새벽 2시에 끝나는 일이 흔했다. 영업시간이 끝날 때까지 나누었던 이야기들은 어떤 것들이었을까. 기억을 더듬어보면 마음속 깊이 박혀 있던 빛나는 순간들이 몇 개 반짝인다. 평소에는 내면 어딘가에 숨겨져 있다가 진솔한 마음이 닿을 때 비로소 떠오르는 기억들이다. 그들의 자세는 마치 압정처럼, 밟으려 할 때에야 존재감을 드러낸다.

술 마신 날의 새벽 2시는 놓치고 싶지 않은 지난날들을 위해 압정처럼 사용되곤 했다. 새벽 주사는 대개 그런 방식으로 나타난다. 예를 들어, 새벽 2시에 전화를 걸었다면 거의 모든 경우 상대는 옛 연인이었을 것이다. 이런 경험이 있다면, 아침에 이불을 박차며 "압정 밟은" 듯한 후회를 해본 적이 있을 것이다. 그렇게 꽐라가 된 새벽 2시는 나의 발바닥에 찍힌 압정 같았다. 손끝에 살짝 올려놓으면 툭 떨어질 것 같은 순간이었지만, 그럼에도 잠시나마 붙잡아두고 싶었다. 새벽 2시는 결코 확실히 걸어둘 수 없는 시간이다. 믿고 기대기에는 너무나 술렁이는 순간, 결국 짜부라지고 마는 그런 시간.

    말짱한 정신으로 새벽 2시를 맞이했던 날들도 있었다. 대부분 공부하거나 글을 쓰던 순간들이었다. 그럴 때 새벽 2시는 활과 같았다. 활시위에 화살을 얹고, 멀리 있는 목표를 응시하며 당길 수 있는 만큼 당겼다. 어제와 오늘의 경계인 새벽 2시까지 시간을 끌어가며 책을 읽었다. 학생 시절에는 과제나 공부를, 사회인이 되고 나서는 수업 준비, 기획서 작성, 정산 등 생업과 관련된 일을 하곤 했다. 그런데 최근에 새벽 2시를 떠올려보니, 그 시각이 가장 빛났던 때는 시를 쓰던 순간들이었다. 술에 취했든 정신이 또렷했든, 대부분은 시를 쓰기 위해 진통하던 날들이었다. 천장만 바라보며 괴로워하던 순간들도, 창밖을 응시하며 멀리 있는 목표를 겨누던 열정적인 순간들도, 돌아보면 시를 쓰던 시절의 쾌감 속에서 가장 환히 빛나고 있었다.

    지난여름, 정확히는 2024년 8월 15일부터 함덕32에서 주관하는 100일 글쓰기/출간 프로젝트에 참여하고 있다. 프로그램을 이끄는 사람은 올해 문학기반시설 상주 작가로 선정된 강건모 작가다. 그는 매주 목요일 신엄에서 함덕까지, 제주 서쪽과 동쪽을 분주히 오간다. 강 작가와의 인연은 몇 해 전 우리가 운영하는 작은 책방에서 시작되었다. 그는 손님으로 찾아와 자신이 애월 어딘가에 산다고 소개했다. 안개비를 뚫고 깊은 밤 서점에 도착한 그는 그날 서점에서 진행하는 글쓰기 프로그램에 참여하기 위해 온 것이었다. 그렇게 이어진 인연 속에서 나는 강 작가의 강건한 글쓰기 솜씨와 두부 한 모처럼 건강하고 부드러운 마음씨를 알게 되었다.

강 작가가 근무하는 함덕32는 제주시 조천읍 함덕로 32에 위치한 복합예술 공간이다. 이곳은 문화예술연구소, 도서출판, 서점, 레지던스가 어우러진 장소다. 지난여름 처음 방문했지만, 이전부터 관심이 많았던 공간이다. 그동안에는 은둔형 참여자로 머물렀다. 작은 책방을 운영하는 나는 내 공간에 집중해야 했기에 외부에서 진행하는 프로젝트는 마음으로만 응원할 수 있었다. 하지만 은둔형 참여자는 오히려 더 지극정성으로 마음을 쏟는 법이다.

나는 인터넷 신문을 통해 함덕32가 진행한 프로젝트들을 꾸준히 읽어왔다. 그들이 이 험한 세상을 어떻게 헤쳐나갈지 궁금했고, 또 걱정스러웠다. 그동안 쌓아온 지층 같은 지난 프로젝트의 포스터를 살피며, 그 장소에서 미래에 어떤 새싹이 꽃필지를 상상했다. 이렇게 나는 내 작은 공간에서 다른 작은 공간의 미래를 그리곤 한다. 함덕32만을 편애하는 것은 아니다. 세계 곳곳에 흩어져 있는 작은 책방과 책과 인연이 깊은 복합문화 공간을 응원하는 것은 나의 취미이자 작은 미신이다.

이들은 내게 언제나 작지만 단단한 희망의 상징으로 다가온다.

작은 책방을 8년 동안 운영했다. 책방을 운영하다보니 책도 결국 상품이라는 것을 알게 되었다. 책 출판하는 게 꿈이던 나에게, 다시 말해 작가가 되는 게 꿈이던 나에게, 책이 상품이라는 그 당연한 사실은 복잡하고 다양한 문제의식을 불러오고 말았다. 책이 삶 속으로 녹아들었다고 해야 하나, 녹슬었다고 해야 하나. 가령 나는 소작농의 딸이다. 귤 농사를 지어보면 귤 유통 과정에 대해 알게 된다. 귤 유통은 기후 및 소작 형식은 물론 지자체 행정의 관심 여부에 따라 다양한 무늬를 가진 나비 같은 자세로 삶 속에 내려앉는다.

1998년 IMF 때 소작농이던 아버지가 1년 동안 농사 지은 귤을 마을 선과장을 통해 뭍으로 보내 받은 돈은 마이너스 400원이었다. 폭락한 귤값보다 물류비용이 더 비쌌기 때문이다. 트럭에 컨테이너를 5단씩 쌓으면 100 컨테이너 정도가 되는데, 한 트럭에 20만 원 정도를 농부가 부담해야 하는 상황인 것이다. 그 시절 어딘가로 떠나지 못하고 과수원마다 돌담 근처에 쏟아 부은 귤들이 상해가던 모습이 떠오른다.

상심이라는 향을 지금도 그려낼 수 있을 것 같다. 아버지가 든 명세서 위에는 1년 동안 밭에서 호흡한 사람들의 숨과 눈빛들이 지층처럼 쌓여 있었을 것이다. 귤을 딴 인부값, 귤밭에 뿌린 농약값, 물값, 밭 주인에게 줄 땅값, 그리고 다섯 남매와 함께 학교 가듯 귤밭으로 성실하게 나가며 수확을 하면서, 겨울이 지나 봄이 되면 자녀들에게 무엇을 해줄 수 있을 것이라는 희망 고문 비용도 쌓여 있었을 것이다.

나는 스무 살을 목전에 둔 수험생이었다. 서울로 진학하고 싶은 마음을 꾹 참은 무늬를 가진 나비가 되어 아버지 어깨 위로 살포시 주저앉았다.

작은 책방을 운영하며 책과 관련된 또 다른 세계를 접하게 되었다. 나는 작가가 되어 책을 계약하고, 인지도 있는 출판사에서 책을 출간하는 과정이 마치 정정당당한 계절을 견디며 자라나는 과수원의 열매처럼 진솔한 여정일 거라 생각했다. 하지만 계절이란 단지 맑고 따스한 날들만이 아니라, 가뭄과 홍수, 한파를 모두 포함하고 있지 않은가.

시를 쓰고, 등단하며, 인지도 있는 출판사에서 시집을 출간하기까지의 과정이 계절의 흐름처럼 자연스럽게 이루어지는 것만은 아니었다. 그 과정은 내가 알지 못했던 또 다른 세계에 둘러싸여 있었고, 어린 시절 유아용 그림책 속 삽화로 배운 사계절만으로는 설명되지 않았다. 자본주의의 세계 속에서 뜻하지 않은 다양한 상처와 충격을 경험하게 된 것이다.

가뭄이 들면 내 논에 물을 대기 위해 남의 논으로 가는 물

길을 막아야 하듯, 한정된 기회 속에서 벌어지는 경쟁은 입시와는 또 다른 형태로 작동하고 있었다. 심지어 공정해 보이는 체계조차 병들어 있는 고정관념들로 가득 차 있다는 사실을 알게 되었다.

대학교 4학년 때 방문학습지 강사를 시작으로 사교육 시장에 발을 들였다. 학생으로서 벌어들이는 돈이 꽤 많았다. 그래서 세상물정도 모른 채, 갓 제대한 예비역 동기들에게 술을 사주며 흥청망청 돈을 쓰는 사치에 빠졌다. 사치와 음주는 오전 출근이 필요 없는 사교육 시장에서의 내 삶을 굳건히 자리 잡게 했다. 그렇게 나는 사교육 시장에 정착하여 알코올중독자이자 강사로 스무 해를 살았다. 그러다 마흔 살에 술을 끊고, 사교육 현장에서도 손을 떼게 되었다.

책방을 연 이후, 나는 자본주의의 틀을 벗어나려는 노력을 기울이고 있다. 입시 위주의 경쟁 교육에서 비롯된 습관들을 벗어나기 위해 의도적으로 멍청한 행동을 자주 한다. 멍청하게 사는 건 생각보다 어렵다. 하지만 그런 행동을 할 때마다, '이게 바로 진짜 멍청한 행동이야'라고 혼자 자랑스러워한다. 보통 사람들은 금전적 이익이 없거나, 금전적 이익을 포기하면 멍청하다고 비웃는 경향이 있다.

내 손바닥에 떨어진 치즈케이크를 보며 "너, 가져"라고 말했을 때, 『누가 내 치즈를 옮겼을까』라는 책을 떠올렸다. 결국은 망할 거라는 생각도 든다. 가난하다는 말은 망한다는 뜻이니까. 어떤 삶이 멍청한 삶인지 물으면, 나는 답할 말이 없다. 내가 이해하는 바로는, 인건비가 나오지 않는 작은 책방을 운영하는 것만으로도 이미 존경할 만한 세계를 표현한 것이라고 생각한다. 나는 그 축에 끼지도 못하지만, 실리와 경쟁이라는 단어가 내 머릿속에서 도깨비풀처럼 달라붙는 것을 거부한다. 만약 달라붙어도 하나둘씩 점잖게 떼어내며 앞으로 나아간다.

앞으로 계속 걸어가면 온 세상의 어린이를 만날 수 있을 것이라는 〈앞으로〉의 노래 가사처럼, 작은 책방을 운영하며 살다보니 이 공간에서 만난 사람들, 앞으로 만날 사람들과 공간이 투명한 실로 이어져 있다는 신뢰를 갖게 되었다. 책방과 사람들을 잇는 문화 공간을 운영하는 사람들은 모두 하나의 전집처럼 연결되어 있다고 믿는다.

이 믿음은 나만의 토테미즘이다. 토테미즘은 단군 신화의 웅녀처럼, 한 집단의 기원이 인간이 아닌 동물이나 식물 같은 자연물에 뿌리를 두고 있다는 믿음이다. 웃자고 '토템'이라는 말을 사용해보았다. 요즘 같은 시대에 누가 책을 읽겠냐며 '토하는 아이템'이라고 할 법한 세상에서, 나는 책을 나만의 토템으로 삼고 있다. 책이라는 미신을 뒤집어쓰고 '척척책책' 나아가고 있다. 어릴 때부터 책 읽기를 좋아했기 때문이다.

글 쓰는 게 재밌었다. 새벽 2시까지 하루를 끌어와 써도 미래가 두렵지 않은 것이 책이었고 글쓰기였다. 별 뜻 없다. 어느 깊은 밤, 새벽 2시까지 글을 쓰고, 책으로 묶으려는 삶을 꿈꾸는 누군가 있다면 나는 그들과 투명하게 연결되어 있다. 새벽 2시까지 끌고 와 그런 꿈을 꾸며, 읽고 쓰고 있는 사람들을 나의 심장 근처에 압정으로 고정하고 싶다.

최근 나는 함덕32에서 진행한 100일 글쓰기/출간 프로젝트를 통해 새벽 2시까지 글을 쓸 때가 종종 있었다. 오랫동안 시도 못 쓰고 있으면서, 시 쓰는 수업도 아닌데, 왜 거기에 갔는지 처음에는 잘 몰랐다. 마지막 숙제를 하며 지난 숙제들의 의미를 생각해본다. 지난여름부터 겨울까지 내가 함덕32에서 쏜 화살은 빈 활이었다. 그냥 새벽 2시까지 나를 끌고 와 마냥 투명한 자세를 쏘아올린 것이다. 아이가 잠든 것을 확인하고서야 집을 나섰다. 무엇인가 대단하고 중요한 사냥을 하듯이 새벽까지 문 여는 찻집을 찾아 글쓰기 숙제를 했다.

이제 알겠다. 내가 함덕32에 간 것은 어떤 내용의 글을 쓸지 스스로 궁금해서였다는 것을, 아니 내가 살고 싶은 세계는 어떻게 글로 표현될지 궁금해서 찾아가지 않을 수 없었다는 것을. 그곳에서 수강생들의 뒷모습도 실컷 보았다. 책장 속 책들, 구석구석 전시된 장식품들, 정수기 상호, 오늘의 간식들, 차려주시는 필기도구들을 찬찬히 둘러보았다. 나는 점점 은둔형 참여자가 아닌 생생한 현장 참여자로 글을 쓰며 수강생들과 호흡했다.

목요일마다 엄마 돈 벌러 간다고, 장난감을 사주겠다며 아이를 떼어놓고 집을 나와 함덕32로 갔다. 앞으로 혹시나 또 올지 모를 더 캄캄한 어둠 속에서 견디기 위해 갔다. 나는 더 마른 가뭄이어도 나의 논에 물 댈 생각만 하지 않는 사람이 되기 위해 갔다. 함께 기우제라도 지내자고 설득하거나 우리 그냥 쌀 대신 이슬을 모아 북유럽으로 수출해 외화를 버는 건 어떠냐고, 그런 멍청한 기획이나 세우는 사람이 되고 싶어 갔다. 그리고 확실하게 알게 되었다. 새벽 2시, 술렁이는 시간에는 기댈 수 없지만 장소는 기댈 수 있다는 것을. 장소란 낮에도 밤에도 새벽에도 저물어갈 무렵에도 빛을 발하니까.

함덕32에 가면 정수기 뒤편으로 큰 유리창이 있다. 그 유리창에는 엄지 손톱만 한 동그란 스티커가 암호문처럼 붙여져 있다. 하얀색이라 함박눈처럼 보인다. 왜 이걸 붙였냐고 한 번도 물어보지 않았다. 강 작가가 수업에서 말하지 않았던가. 재해석이 중요하다고 말이다. 새벽 2시는 뭘 붙일 수 없지만, 우리가 함께한 장소는 무엇을 만져볼 수도, 무엇을 붙여놓을 수도 있는 곳이었다. 정수기 앞에 서 창밖을 바라보면서, 하얀 스티커가 가끔 몇 개인지 헤아리는 시도를 했으나 멍청이라 맨날 실패했다. 세상에는 이렇게 멍청한 질문들이 많다. 가령

"너 왜 거기 있어?" 이런 질문들 말이다. 백날 함덕32 창문에 붙여진 함박눈 스티커에게 물어보라. 어느 날은 스티커가 딱 풀처럼 말했다.

"멍청하다는 것은 어딘가에 그냥 서 있는 거야. 파란 하늘처럼 맑은 심정으로 푸른 바다에 떨어지는 함박눈처럼. 그래서 넌 오늘 어디에 서 있는 거야? 어디에 붙어 있을 거야?"

03시

당신의 갱년기는 몇 시인가요

기낭

어쩌자고 글쓰기에 마음을 두었는지 폭폭 한숨 쉬기 일쑤지만 결국 단어 하나, 문장 하나를 두고 골똘하고 골몰하기를 좋아한다. 갱년의 열감과 나를 들여다보는 일에 글을 얹어보는 요즘, 조금 더 나다워지는 것 같다.

부스럭부스럭, 뜨거운 열기가 등을 타고 목덜미까지 기어오른다. 잠든 채로 멈추길 바랐지만, 머리는 깨어나기를 비웃듯 점점 또렷해진다. 손이 저절로 스마트폰을 집어든다. 화면 속 숫자가 새벽 3시를 가리킨다. 또 이 시간이군.

요즘 나는 의지와 상관없이 꾸준히 새벽 3시에 눈을 뜬다. 등줄기를 태우는 열감이 알람처럼 찾아오고, 고요한 방 안에 새벽의 한숨이 스며든다. 내 몸의 갱년기는 바로 이 시간에 깨어난다.

내 주위에는 이미 하루에도 열두 번씩 기분이 좋았다가 짜증났다가 하는 제멋대로인 감정 기복을 호소하는 이가 있는가 하면, 갑자기 땀이 솟는 불쾌함을 늘어놓는 이도 있다. 얼굴이 순식간에 벌게져서 민망스러워진다는 하소연에는 고개를 주억거리며 수긍하는 표정만 짓다가, 아침에 일어나면 손가락, 무릎 할 것 없이 뻑뻑해진 관절을 풀어줘야 한다는 말에는 은근슬쩍 같이 손을 비비적대기도 한다. 100명의 여성이 갱년기를 거친다면 100개의 증상이 나타난다는 말처럼 그 많은 것들 중에 유독 나에게 거침없이 다가온 증상이 바로 등에 보일러가 켜진 것 같은, 새벽을 깨우는 열감이었다.

사실 내게 새벽 3시는 그렇게 낯선 시간이 아니다. 알아주는 밤고냉이로 불렸으니 말이다. 엄마 표현을 빌리자면 "아주 밤만 되민 눈이 벌겅행 돌아댕기는 밤고냉이"다. 밤 시간만을 밟고 돌아다니는 고양이처럼 사부작사부작. 밤고냉이의 내력도 길어서 중고등학교 때야 야간 자율학습이니, 독서실이니 하면서 자연스러운 밤고냉이 생활이었다면 대학교 때부터는 그야말로 자발적, 아니 열성적 밤고냉이의 삶을 살아왔다.

습관이 삶이 된다고 했던가. 밤고냉이의 생활은 낮에 출근해서 자정까지 가장 절정인 노동 시간을 보내고 동료들과의 짧은 회포 시간을 거쳐 귀가하면, 거짓말처럼 새벽 3시 언저리의 시간으로 채워지는 입시학원 강사 일로 이어졌다. 나름 균일한 생활 패턴을 유지했다고 볼 수 있겠다.

똑같은 새벽 3시이건만, 그때는 맞고 지금은 틀린 걸까. 밤고냉이 시절의 새벽 3시와 지금의 새벽 3시에는 결정적인 차이점이 있다. 과거의 새벽 3시가 어쨌든 하루의 일과를 마무리하고 접는 시간이었다면 지금의 새벽 3시는 하루를 여는 것도 아니고 마무리하는 것도 아닌, 어중간한 지점이 된다는 점이다. 마침표가 아닌 쉼표가 되는 시간은 어떤 면에서는 참 피곤한 일이다.

새벽 3시에 깨어 있다는 것은 고요한 명분과 단단한 목표가 따라올 것 같은 순간이다. 한 해가 시작될 즈음이면 극진한 모닝 글쓰기를 결심하며 정연해지는 마음의 순간처럼. 그것이 아니라면 가장 신선한 공기를 푸석한 폐에 마음껏 공급하리라는 다짐 속에 운동화 끈을 묶어내는 신새벽의 순간처럼.

새벽 3시는 그런 시간이다. 오죽하면 새벽 3시를 신을 만나는 시간이라 했을까. 예수마저 다시 살아난 새벽 3시, 실재하지 않는 것들의 실체가 부풀어오르는 시간 말이다. 하지만 나의 새벽 3시 기상은 명분이라든가 어떤 목표를 향한 열정이나 열심과는 거리가 멀다. 아예 관계가 없다. 신을 만나고자 하는 기상은 더더욱 아니다.

끄먹거리는 잠의 기운에 쫓겨 비자발적이면서 심지어 유쾌하지도 않은, 떠밀려진 기상. 깨어난 이상 최대한 빨리 열감을 빼주어야 한다. 제법 쌀쌀한 요즘 날씨에도 일단은 창문을 열고 시원한 바람을 한 김 쐬어준다. 본의 아닌 새벽의 게으른 풍욕쯤이라고 해두자.

멍하니 있기도 그래서 관자놀이를 비비고 따뜻해진 손바닥으로 눈도 눌러본다. 눌렸던 어깻죽지도 조금 잘 펴주고 맞은편 아파트라인을 따라 나처럼 창가에 선 이는 없는지 살펴보며 눈동자를 이리저리 굴려본다. 순서도 규칙도 없이 그저 여기저기 시간을 주물주물하는 사이 창에 비친 나를 들여다보며 마음은 또 이런저런 생각에 이끌린다. 그러곤 제멋대로 뻗어나가는 생각의 가지들.

약간의 조급증이 있는 나로서는 이렇게 스스로를 여유롭게 놓아두는 시간을 좀처럼 만들어내질 못한다. 일과 일 사이,

이동과 이동 사이, 시간은 머릿속에서 재단되기 일쑤고 나열된 일정 속에 딱딱 각 맞추어 살아내기 바쁘다. 좀 한가하더라도 곧 다가올 일정에 대한 계획으로, 있는 시간마저 잡아먹히게 된다.

 그런 점에서 새벽 3시, 다만 30분이라도 내 안의 열기를 빼내는 이 시간은 어쩌면 내 몸이 나에게 말을 걸어오는 시간일지도 모르겠다. 몸과 마음을 조율하기는커녕 우격다짐으로 생활해온 나의 걸음에 한숨 늦추고 천천히 발 디뎌보라는 속 깊은 조언일 수도 있다. 많은 증상 중에 열감이 찾아온 것도 다 그런 이유가 있을 것이다. 손 밖의 바람을 내 안에 머무르게 하려는 실체가 없이 부풀어오른 신의 큰 그림.

 내가 30분씩 빼내고 있는 건 열감이 아닌 독소이다. 스스로에게 주는 여유를 허락하지 않는 마음의 독소를 느슨한 공기로 바꾸어두는 시간이다. 변해가는 것들에 대해 조금씩 너그러워지는 나를 만나게 되는 드문 경우를 덤으로 얻기도 한다. 오늘 하루 억지로라도 힘을 빼고 헐렁하게 사는 것도 괜찮다고 말해주는 어슴푸레한 새벽, 왠지 물푸레나무의 이름을 닮은 새벽의 기운이 어느덧 다정하게 여겨진다.

 그래서인지 가만히 눈에 익은 새벽의 색은 가물거리는 기억을 가져오기도 한다. 내가 언제 이 새벽을 만났던가. 어린 시절, 군인이었던 아버지는 가끔씩 비상이 걸리곤 했다. 국방색의 벽돌 같은 군대 전화가 따르륵 울리면 아빠는 군화끈을 묶고 부대까지 걸어가야 했다. 비상은 늘 버스가 다니지도 않는 새벽에 걸리기 마련이어서 어린 맘에도 "이 새벽에 울 아부지 혼자 어찌 걸어가누" 하는 걱정이 검게 흔들리는 아버지의 뒷모습에 일렁이곤 했었다. 잊고 있었던 새벽길의 아버지, 아버지. 떠밀려져 새벽을 걸어나온 이런저런 생각은 3시간 같은 30분을 온전히 나에게 선물한다.

그렇게 새벽의 시간을 반복하다 보면 좀 무덤덤해진다. 갱년更年, 고쳐서 다시 쓰는 나이. 나는 무엇을 고쳐 다시 쓸 수 있을지를 고민해야 할까보다. 갱년은 몸의 재건만큼이나, 혹은 그보다 더 깊은 마음의 새로고침이 필요한 시기이다. 절대 나에게 일어나서는 안 될 일이 일어난 것처럼 호들갑을 떨던 마음의 시끄러움을 다소 진정시킨다. 나의 시절을 지나고 있는 갱년의 시간을 순하게 인정하고 따라가며 잘 보살피고자 하는 마음도 세워본다.

늙어감의 초보자로서 어떤 태도로 늙기를 대할지 생각하다가 엄살 부리지 않고 담담히 마주해보기로 한다. 늙어감은 어쩌면 어느 때보다 더 많은 변화의 시기일 수 있다. 나의 시간 어디에서도 만나지 못했던 퇴락의 시간, 그 시작에 갱년의 시기가 자리했을 터이고 그야말로 잘 늙어감에 집중할 때가 된 것이다.

다른 이들로 향했던 관심을 거둬들여 오롯이 나를 돌보는 데 진심이어야 할 때. 다시 쏨의 마중물을 길어올리는 시간이다. 다른 이들의 갱년의 시간은 어디쯤 흐르고 있을까. 꾹꾹 밟아나가는 나와 같은 발걸음들은 또 얼마나 정겨운가. 이 밤 그 걸음들에 괜스레 동지애가 끓어오른다. 또, 또 힘이 들어간다.

베란다 발치 아래 나무에서 잠든 새들의 기우는 숨소리도, 슬그머니 밤 시간을 건너는 아파트 길고양이의 조심스럽게 고로롱거리는 하품도 새벽 3시로 향한다. 내일의 새벽을 준비하는 나의 등이 오늘은 좀, 시원하다.

04시

김밥을 말며

고창화

제주에서 59년을 살았다. 다양한 예술과 수공예에 흥미를 느끼며 요리와 레이스 뜨기, 가드닝을 좋아한다. 32년간 고등학교에서 역사를 가르치며 시대의 변화에 따라 시야와 기억에서 멀어져가는 마을과 소중한 사람들의 이야기를 떠올리는 걸 즐기고 있다.

고슬고슬한 밥의 기억—엄마 생각

 전날 예약해둔 전기압력밥솥에서 증기 배출이 시작되었다. 곧 구수한 밥 냄새가 새벽 4시의 아파트 안을 가득 채웠다. 중학교 1학년 아들이 봄 소풍 가는 날이었다. 일찍 일어났다고 생각했는데 출근 시간까지 세 시간밖에 남지 않았다. 김밥과 과일이 담긴 도시락을 떠올리자 마음이 바빠졌다.

 식초와 동일한 양의 설탕 그리고 소금 약간을 넣은 배합초를 끓인 후 밥에 고루 뿌리고 참기름을 두른 후 가볍게 저어 바람 잘 통하는 창가에 두어 한 김 식힌다. 깻잎, 자른 오이, 맛살, 단무지, 우엉, 김밥용 햄, 달걀지단 등 속 재료를 준비한다. 대나무발 위에 살짝 구운 김을 얹고 그 위에 배합 초 향이 밴 고슬고슬한 밥을 넓게 편다.

 구수한 밥 냄새에 나와 비슷한 나이였던 엄마의 모습이 떠오른다.

 언젠가 소풍을 앞둔 날, 새벽에 일어나 부엌에서 분주히 움직이던 엄마의 모습. 김밥을 말던 손놀림이 어찌나 익숙하던지 재료 하나하나가 제자리를 찾으며 완성되곤 했다. 얇게 펴진 김 위에 알록달록한 재료들이 켜켜이 쌓여갈 때마다 나의 기대감도 함께 커져갔다. 엄마의 정성이 가득 담긴 손길이 김발 위에서 춤을 추듯 움직였다. 고소한 참기름 냄새와 싱싱한 채소의 향에 코를 벌름거리며 나는 세상에서 가장 행복한 사람이 된 기분이었다.

그러나 그 평화로운 풍경 뒤에는 아버지의 고민이 숨겨져 있었다. 그 무렵 제주도 서쪽 시골에서 말단 공무원으로 일하던 아버지는 적은 월급과 장래에 대한 불안 속에서 결국 면사무소를 그만두었다. 두 오빠와 나를 더 좋은 환경에서 공부시키기 위해 제주시로 이사를 결심했고, 얼마 지나지 않아 제주시 동쪽에 빌린 집 근처 회사에 취직했다.

몇 달 후, 아버지는 회사로 방문 판매를 나왔던 지인의 부탁으로 『어깨동무』라는 어린이 잡지를 정기구독하게 되었다. 그 잡지에는 별책부록으로 다양한 만화가 실려 있었는데, 막 글 읽는 재미를 알아가던 나는 그 잡지가 배달될 날을 손꼽아 기다리며 노을빛에 물든 마당을 서성이곤 했고, 퇴근하는 아버지를 맞이하며 작은 설렘을 느꼈다.

둥근 밥상에 온 가족이 둘러앉아 하루의 이야기를 나누며 저녁을 먹던 시간은 하루의 피로를 잊게 해주는 따뜻한 순간이었다. 그러나 그 평온한 일상이 언제까지나 지속되지는 않을 것이라는 사실을, 어린 나는 알지 못했다.

아버지는 큰돈을 벌겠다는 일념으로 회사를 그만두고 여

러 사업에 도전했지만, 사업이 바뀔 때마다 우리 가족은 점점 더 작은 집으로 이사를 가야 했다. 내가 초등학교 5학년 때 이르러 제주시 서쪽 바다 끝 무근성 지역까지 밀려났다. 시커먼 굴뚝이 버티고 있는 감귤 가공 공장에서 풍기는 미지근하면서도 시큼한 냄새가 들숨에 섞여 일상의 체취가 되어버리는 곳. 억새보다 부드러운 새풀이 덮인 초가집 지붕에는 바람을 막기 위해 굵은 새끼줄이 바둑판처럼 가로, 세로로 촘촘히 매달려 있었다. 바다로 이어지는 좁고 구불한 도로를 따라 골목을 걷다 보면 때론 연한 분홍색 물체가 천천히 바깥 공기를 즐기며 유연하게 성근 현무암 돌담 사이를 미끄러져갔다. 정체가 궁금했던 나는 정신을 놓고 쳐다보다 꼬리가 스르르 돌담 안으로 사라지고 나서야 팔뚝만 한 구렁이라는 사실을 알고 두려워 냅다 도망치기도 했다.

우리 집 담벼락 너머는 바다였다. 바람 잔잔한 밤이면 파도는 조용히 철썩이며 만화책을 읽던 유년 시절의 평화로운 마당으로 내 영혼을 데려갔다. 하지만 태풍이 몰아치는 날이면 바닷물은 지붕을 넘어 마당에 가득 찼고 방을 데우기 위해 연탁을 밀어넣던 구들장 아래에도 밀려들며 내 마음을 인정사정없이 할퀴었다.

치명적인 가난이었지만 불행한 것만은 아니었다.

햇볕이 쨍한 여름날, 더위를 피해 뛰어든 바다는 온몸 구석구석까지 서늘한 냉기를 선사했다. 방파제 아래로 자리돔을 가득 실은 테우(여러 개의 통나무를 엮어 만든 뗏목배)가 다가올 때마다, 자리돔들은 팔딱팔딱 뛰며 은빛 비늘을 흩뿌렸고, 만선의 기쁨과 환희는 새파란 하늘을 가득 메웠다. 그러나 안타깝게도 우리 집에서 동전의 반짝임은 점점 사라지고 있었다.

아버지는 일자리를 찾으려는 노력을 차츰 포기했고, 찬바람이 문틈으로 스며들 무렵, 엄마는 서문시장의 한 모퉁이에서 떡을 팔기 시작했다. 시장에서 옷을 팔던 친척이 도움을 주어 겨우 마련한, 사과 궤짝 하나만큼의 작은 자리였다. 엄마가 내놓은 떡은 팥 시루떡이 유일했다. 내년이면 졸업을 앞둔 나는 여전히 동쪽 끝에 있는 초등학교를 다니고 있었다. 수업이 끝나면 일주도로를 따라 걸어 동문로터리와 관덕정을 지나 서문시장으로 향했다. 거기서 엄마를 만나 저녁 찬거리를 받아 집으로 돌아가는 것이 내 일상이었다.

싸락눈이 몰아치던 어느 날, 하굣길에 문득 '엄마가 이런 날씨에도 시장에 나갔을까?' 하는 생각이 들었다. 발걸음을 재촉해 시장에 가보니, 멀리서 엄마가 보였다. 엄마는 시루떡을 앞에 놓고 손님을 기다리며 앉아 있었다. 눈보라가 시장과 거리를 온통 휘감아 사람들이 거의 보이지 않았지만, 엄마는 머리와 어깨에 흰 눈가루를 가득 이고 간절히 기다리고 있었다.

그 모습을 본 순간, 왈칵 눈물이 밀려 내려왔다. 아무 말도 하지 못한 채, 나는 그대로 뒷걸음질해 집으로 돌아왔다. 시장 가까이 병문천을 가로지르는, 배고픈 다리라 불리던 다리보다도 더 허기진 우리 집의 현실이, 그날은 유난히 칼바람처럼 가슴을 후벼팠다.

그해 겨울방학, 나는 시장 근처 의상실에서 견습생으로 일하게 되었다. 의상실 청소를 하고, 주전자에 물을 가득 길어 연탄난로 위에 올려놓아 따뜻한 물을 준비하며, 실 부스러기와 자르다 남은 옷감 조각을 정리하는 일이 내 몫이었다. 좋아하는 책을 읽을 시간이 없어 아쉬웠지만, 옷을 만드는 과정에 호기심이 생기기도 했다.

그러나 한편으로는 두 오빠가 중학교에 다니고 있는 상황에서, 나는 고등공민학교(초등학교를 졸업하고 중학교에 진학하지 못한 사람에게 중학교 과정 교육을 실시하는 학교)에 가야만 하는 건 아닐까 하는 걱정에 마음이 우울해졌다. 다행히도 엄마는 나를 일반 중학교에 보내기로 결심했다. 엄마는 외할머니의 권유로 중학교에 진학하려 했지만, 동네 친구들이 모두 해녀가 되기로 한 탓에 혼자 떨어지기 싫어 결국 중학교를 포기하고 해녀의 길을 선택했었다고 했다. 그러나 살면서 그 선택을 후회하게 되었고, 딸인 나만큼은 반드시 교육을 시키겠다고 마음먹은 것이었다.

내가 중학교에 입학하던 해, 엄마는 공공기관의 공무직 노동자가 되었다. 초기에는 임시직으로 시작했지만, 성실함을 인정받아 몇 해 뒤 정규직 공무원이 되었고, 정년까지 건강하게 근무하고 퇴직했다. 덕분에 우리는 파도 소리가 들리지 않는 지역으로 이사했고, 형편도 조금 더 나아졌다. 그러나 여전히 소풍 날에는 김밥을 싸갈 수 없을 만큼 생활은 빠듯했다. 연년생 오빠 두 명과 나, 그리고 제주시에 이사하던 해에 태어난 여동생까지, 네 명의 학비를 마련하는 일은 엄마에게 큰 부담이었을 것이다.

엄마는 새벽마다 고슬고슬한 밥을 지어 아침상을 차렸다.

전기밥솥에서 냄새가 난다고 싫어하기도 했지만, 엄마는 살림이 궁색하던 그 시절 자신이 줄 수 있는 건 정성뿐이라 생각했는지 그 번다한 일을 하루도 마다하지 않았다. 연탄불 위에 밥을 지으면 그 불 위를 가로질러 걸린 빨래 줄에 전날 밤 빨아서 널어둔 하얀 여고 교복 칼라 깃 속으로 약간 탄 듯한 연탄 냄새와 압력밥솥의 추에서 증기와 함께 배출된 구수한 밥 냄새가 스며들었다. 하얀 칼라 깃을 덧대어 꿰맨 고교 교복을 입고 등교하면 엄마의 고소한 냄새가 종일 내 주위를 맴돌았다.

자습서가 있는 줄 몰랐고 설령 알았다 하더라도 살 수 없었던 고교 시절, 교과서와 수업 시간 선생님이 말한 내용을 부지런히 필기하며 외우고 우중충한 학교 도서관의 낡은 책마저 기쁜 마음으로 들여다보았던 이유는, 우수한 성적으로 엄마를 기쁘게 해드리고 싶었기 때문이었다. 장학증서와 각종 상장들을 가져가면 엄마는 얼굴 가득 환한 웃음을 짓곤 했다. 미소 지을 때면 초승달보다 더욱 가늘어졌던 엄마의 작은 눈이 그립다.

정갈한 은비녀—시할머니 생각

김밥을 먹기 좋게 썰다 문득 흰머리에 곱게 은비녀를 꽂았던 시할머니가 생각났다. 아들이 다섯 살 되던 해, 뇌경색으로 왼편 마비가 발생하여 거동이 불편해진 할머니. 시아버지가 독자여서 도와줄 형제가 없던 시어머니는 수년간 혼자 병수발을 했다. 매 끼니마다 식사를 준비했던 시어머니는 소풍 때마다 김밥을 보내면 무척 반가워했다. 무엇보다 할머니가 김밥을 좋아했고, 아침을 간단히 해결할 수 있어 한 끼를 차리는 부담을 덜 수 있었기 때문이다.

시할머니는 아들을 먼저 낳은 다른 손아래 동서들과 달리 딸만 둘 낳은 손자며느리 앞에서 내색은 안 했지만 종손인데 '아들 낳아야 된다'는 애절함이 담긴 눈빛을 보였다. 추석 보름달을 보며 남동생이 생기길 빌었던 딸들, 각종 부적을 사와 남편의 양복주머니, 베개, 지갑에 넣으라던 시어머니. 금은방에서 작은 은도끼를 사주며 남편 몰래 베개에 넣으라던 엄마, 체질개선 약과 칼슘제를 보내는 약사 여동생, 불탑사 5층 석탑을 돌며 기도했던 나 자신 등. 나는 모든 가족들의 응원과 정성 속에서 드디어 아들을 낳았다.

제왕절개 수술이라 일주일 만에 퇴원하여 아파트로 돌아왔다. 정리를 도와준 시어머니가 내려가신 지 얼마 되지 않아 초인종이 울렸다. "하…… 할머니!" 평소 혈압이 높으신 할머니는 아파트로 오는 언덕길을 올라온 적이 거의 없었다. 현관문을 열어드리자 곧장 안방으로 건너가 잠자고 있는 아기의 이불을 걷었다. 그러곤 속싸개와 배냇가운을 벗긴 후 잠시 망설이시더니 기저귀를 풀어 헤쳤다. 이윽고 두 다리 사이의 고추를 확인하더니 재빨리 다시 옷을 입히고 이불을 덮은 후 "나 감쩌(나 간다)" 하고 현관문을 열고 나가셨다. 너무 순식간에 일어난 일이라 난 아무런 말도 행동도 할 수 없었다. 그저 할머니의 하얀 쪽진 머리에 꽂힌 은비녀가 내리막길을 따라 총총히 멀어져 한 조각 빛으로 사라지고 양 어깨에 걸쳐진 기쁨과 환희가 풍선처럼 부풀어오르는 모습만 지켜보았다.

얼마나 애타게 손주 며느리가 퇴원하길 기다리셨을까. 종종걸음으로 아파트에 이르는 언덕길을 걸어 엘리베이터를 누르고 쾅쾅 뛰는 가슴을 누르며 증손자와의 만남을 고대했을 할머니.

　시할머니는 처녀 시절 혼기를 놓칠 정도로 오랜 기간 어머니 병 수발을 했다. 하지만 돌아가신 후 오빠로부터 어머니 돈 빼돌렸다며 두들겨 맞았노라고 언젠가 억울함을 토로한 적이 있다. 아들을 얻지 못한 집안에 작은부인으로 들어와 아들을 낳은 사연도 있다. 그러나 그 기쁨도 잠시 돈 벌러 간다며 일제강점기 사할린으로 떠나 생사를 알 수 없었던 남편은 지금도 사할린 묘지에 묻혀 있다. 지극한 정성으로 키운 효자 아들은 삼십대 중반 어느 날 밤 잠자는 모습으로 갑자기 사망했다. 한 인간이 감당하기에 너무 무거운 삶의 고통과 슬픔을 연속해서 감내해야만 했던 할머니. 본토보다 남성우월주의가 오랜 기간 위력을 발휘했던 바람 강한 섬에서 아버지, 남편, 아들의 이른 부재와 상실로 상처받았던 할머니. 그분의 가슴 아팠던 세월을 마음으로 헤아리며 잠이 깬 아들을 재우려 등을 토닥거렸다.

김밥이라는 인생에 대하여

　밥 위에 깻잎 두 장을 얹고 준비된 속 재료들을 차례로 올려 재빨리 둥글게 말면 김밥 완성. 붓솔로 김 표면에 참기름을 바른 후 알루미늄 호일에 비벼 날을 세운 칼로 총총 자른다. 김밥의 숫자는 정확히 열 개. 마지막으로 만든 김밥은 다른 김밥보다 1.5배 더 크다. 남은 밥과 속 재료를 다 넣다보니 굵어졌다. 계량을 잘했다고 생각했는데 매번 김밥을 말 때마다 이런 일이 반복된다.

어디 김밥뿐일까. 예측한 대로 흘러가지 않는 건 인생도 마찬가지다.

그날은 아들이 소풍 가서 추억으로 만 김밥을 행복하게 먹는 모습을 상상하는 것만으로 어깨가 저절로 펴졌고 종일 콧노래를 흥얼거렸다. 남은 김밥과 컵라면으로 저녁을 먹으며 물었다.
"점심 잘 먹었니?"
"엄마! 다시는 김밥 안 가지고 가요. 편의점에서 천오백 원 김밥 한 줄 사서 갈래요."
"왜?"
"난 한 입밖에 못 먹고 친구들이 다 먹었어요. 엄마 앞으로는 새벽에 일어나서 고생하지 마세요."
어려서 야구와 축구를 잘했던 아들은 주변에 친구들이 많았다. 대부분의 친구들은 편의점에서 김밥 한 줄 사서 갔고 아들이 도시락을 열자마자 달려들어 열정적으로 김밥과 과일을 비웠으리라. 텅 빈 속살을 드러낸 그릇 앞에서 화난 아들은 그들의 김밥을 한 입씩 빼앗아 먹었지만 채워지지 않는 마음에 실망했고 악의 없는 친구들의 탐식에 은근히 화나고 배고픈 추억을 갖게 되었던 것이다.

나는 이제 김밥을 말지 않는다.

소풍이 체험 학습으로 바뀌고 난 후에도 난 여전히 "아들! 김밥 말아줄까?" 하고 물었지만 아들은 늘 단호하게 거부했다. 여유가 생긴 지금, 따스한 청귤 차 한 잔을 앞에 두고 추억에 잠긴다. 김밥 속 재료들이 어우러지듯 내 인생도 아름답고 때론 고통스러운 기억들로 채워졌음을 떠올린다. 가슴 저미던 싸락눈의 기억이 시간 속에서 담백한 풍경으로 되살아나고 그 그림 속에서 나는 여전히 살아 숨 쉬는 그리운 얼굴들을 마주한다.

05시

제주에서 12년째 실험 중

민은지

아름답고 무용한 것을 좋아하는 사람. 13년 전, 가볍게 올레길이나 한 바퀴 걸어볼까 하고 섬에 발을 디뎠다. 하늘과 바람과 햇살 같은 무해하게 반짝이는 것들에 반해서 여태껏 제주에 사는 중. 파란 바다와 산수국을 좋아한다. 서른이 되어 몸으로 말하는 법을 배우기 시작한 이후로, 감각되는 세계가 언어로 바뀌는 순간이 더 재미있어졌다.

제주에 온 지 어느덧 12년. 이곳에 살면서 나는 어느 순간부터 지독히 반짝이는 것들에 이끌렸다. 그중에서도 가장 강렬했던 건 태양이었다. 가끔 길을 걷다가도 걸음을 멈추고, 눈이 부셔도 아랑곳하지 않고 태양을 오래도록 바라보곤 했다. 일렁이는 바다 위로 흩어지는 빛 조각, 반짝이는 초록 잎사귀 같은 것들은 나를 자주 전율하게 만들었다. 찬란하게 퍼지는 아침 햇살이나 마음 깊이 스며드는 저녁놀도 예외는 아니었다. 그 모든 순간들과 조금도 멀어지고 싶지 않았기에, 집 안의 모든 커튼을 다 걷어버렸다.

꽤 오랫동안 사방이 창문으로 둘러싸인 집에서 살았다. 제주에 정착한 뒤 따뜻한 남서쪽의 소박한 시골 마을에 둥지를 틀었는데, 내가 살던 이층집은 창고를 증축한 듯한, 어쩌면 무허가일지도 모를 엉성한 집이었다. 동서 양쪽으로 큰 창문이, 남쪽으로는 집의 입구가 나 있었다. 창문만 열면 태양이 떠 있는 동안 집 안은 온통 햇살로 가득 찼다. 바람, 새소리, 풀벌레 소리 같은 자연의 소리들이 좋아 창문을 늘 열어두고 살았다. 덕분에 집 안과 밖의 온도 차는 거의 없었다. 여름엔 찌는 듯 더웠고 겨울엔 냉골이었지만, 커튼도 에어컨도 없이, 문도 잠그지 않은 채로 10년을 고집스럽게 살았다. 해바라기 같은 삶이었다.

해가 뜨면 일어나고, 어두워지면 글을 쓰거나 책을 보다 잠에 들었다. 알람이 따로 필요 없었다. 거칠 것 없이 창문으로 쏟아져 들어오는 빛이 나를 매일 아침 깨워주었고, 기상 시간은 그날의 해가 뜨는 시간에 따라 자연스럽게 달라졌다. 여름엔 새벽 5시에 눈을 떴고, 구름 많은 겨울날엔 8시가 넘어 일어나곤 했다. 5시는 내게 1년 중 절반쯤 찾아왔고, 나머지 절반은 감쪽같이 사라지는 시간이었다. 그러나 여름과 겨울의 5시는 완전히 달랐다. 여름의 새벽 5시는 하루의 시작이었지만, 겨울의 5시는 밤의 연장이거나 꿈의 한가운데에 가까웠다.

존재하면서도 존재하지 않는 시간. 나는 그 양면성이 퍽 마음에 들었다. 자연의 리듬에 따라 절반쯤 나타나고 사라지는 시간의 애틋함과 정형화된 사회의 규율에서 벗어난 자유로움이 좋았다. 시계의 명령이 아닌 자연의 시간을 따라 사는 삶. 몇 시 땡 하면 일어나 밥 먹고 출근하는 틀에 박힌 시스템에 살짝 엿을 날리는 듯한, 유쾌하고도 발칙한 반항이었다. 때로는 눈이 떠진 뒤에도 창문을 통해 들어온 빛을 느끼며 침대에 누운 채 게으름을 부렸다. 창문을 열어둔 덕분에 누워서 바깥을 살필 수 있는 호사를 누렸고, 빛의 색깔과 공기의 냄새로 아침을 천천히 맞았다. 밤새 내린 이슬의 흔적을 들이쉬며 지나간 시간을 상상하곤 했다. 구름에 따라 다르게 퍼질 빛줄기, 매일 조금씩 달라지는 빛의 파장을 떠올리며, 손끝 발끝부터 길게 기지개를 켜는 아침은 그 어떤 일도 가뿐히 흘려보낼 자신감을 주었다.

그러나 1년 중 나머지 절반 동안의 5시엔 깊은 잠에 빠져 있었을 것이다. 여름 내내 찬란한 생의 시작을 맞았으니, 겨울엔 죽음 같은 잠에 잠식되어도 괜찮다고 여겼다. 꿈속에서는 지하 세계를 헤매며 석류를 집어삼켰을지도 모른다. 추운 겨울엔 곰처럼 몸을 웅크리고 겨울잠을 잤다. 날씨가 추워질수록 더 깊고 오래 잠들었는데, 그런 자연스러운 순환을 겪으며 나는 나도 모르게 자연 앞에서 겸손해졌다. 그러다 문득 충분히 깊은 잠을 자고 나면 다시 아침 기지개를 켜고 싶은 마음이 찾아오곤 했다. 죽음 같은 잠 역시 삶의 일부였다. 이해할 수 없었던 것들도, 돌아보면 다 자연의 섭리 속에 있었다.

2022년, 코로나가 한창 기승을 부렸다가 꺾일 즈음에 아버지가 은퇴하셨다. 평생 한 직장에서 일만 하며 가족을 부양하려 아등바등 애쓰며 살아온, 노년의 초입에 선 평범한 남자. 나는 치열한 생존경쟁 속에서만 살아온 그에게, 그의 인생에서는 느껴보지 못했을 여유와 위로를 선물하고 싶었다. 이전에 살던 집에서 나와서 세 명이 살 수 있는 평범한 아파트를 한 채 구했다. 냉난방이 잘 되고 이중창이 튼튼하게 설치되어 있어서 여름엔 시원하고 겨울엔 따뜻하게 지낼 수 있는 집. 벌레가 나오지 않고, 현관문에 도어락이 설치되어 있으며, 콘크리트로 잘 포장된 도로와 넉넉한 주차 공간이 있는 곳이었다. 부모님은 드디어 딸이 제대로 된 집에 산다며 몹시 만족해하셨고, 한 달에 일주일쯤은 내려와서 제주에 머물렀다.

새로운 집은 좋고 편안했다. 하지만 이상하게도 나는 그곳이 어색하게 느껴졌다. 예상치 못한 일이었다. 새로 이사 간 집의 주차장에는 입주민의 안전을 위해 가로등이 환하게 켜져 있었고, 덕분에 밤이 되어도 창문 밖이 환했다. 밤이면 온 동네가 어둠 속에 잠기고, 달빛과 별빛이 조명처럼 은은히 빛나던 시골에서 살았던 나로서는 이질적인 밝음이 도무지 익숙해지지 않았다. 커튼 사이로 스며드는 불빛은 나를 죽음 같은 깊은 잠에서 끊임없이 건져올렸다. 원치 않는 구원이란, 실로 성립 가능한 명제였다. 결국 나는 어두운 블라인드를 내렸고, 그 대가로 아침의 빛 조각을 제물로 바쳐야 했다.

밤을 가득 채우던 풀벌레 소리, 비 온 뒤의 촉촉한 땅 냄새, 멀리 느리게 흐르던 구름 같은 것들은 사라졌다. 그 자리를 편안함과 안정감이 대신했다. 커튼을 걷었을 때 가장 먼저 보이는 색이 바로 앞 건물의 콘크리트 회색이라는 것만 제외하면, 새 아파트는 충분히 행복할 수 있는 공간이었다. 창틈 사이로 찬 바람이 스며들지 않았고, 태풍이 몰아치던 밤마다 문이 거칠게 덜컹거리는 소리에 불안에 떨 필요도 없었다. 약간의 답답함을 느끼는 대신, 그 달콤한 안정감은 너무나도 쉽게 내 삶에 스며들었다.

가끔 삶에서 중요한 무언가를 잃은 듯한 기분이 들기도 했다. 하지만 갑작스러운 편안함은 내가 잃어버린 것이 무엇인지조차 잊게 만들었다. 이제 아침 알람은 7시에 맞춰졌다. 그렇게 나는 다른 많은 것들과 함께 새벽 5시도 잃어버렸다.

그렇게 지내기를 2년, 아파트의 전세 만기 기간이 성큼 다가왔다. 그동안 나는 매달 1인 가구와 3인 가구 사이를 부지런히 오가며, 삶의 규모가 세 배로 확장되거나 축소되는 출렁거림 사이에서 균형을 잡아나갔다. 사실 새로운 둥지 틀기는 나에게 있어 2년간 진행되는 일종의 실험이기도 했다. 스스로 날 힘이 생기면 어미의 둥지를 훌쩍 떠나버리는 새끼 새처럼, 성인이 되자마자 즉각 독립해 살았던 내가 다시 부모와 한 지붕 아래 함께 살 수 있을 것인가. 자유로움과 불안을 내려놓는 대가로 주어지는 안전함과 편안함을 나는 받아들일 수 있을까. 이 질문들에 대한 답은 오직 시간이 알려줄 터였다.

두 번의 여름을 지나며 우리는 관계의 실험 속에서 다양한 모습을 마주했다. 때로는 부모와 자식으로, 때로는 호스트와 게스트로, 또 서로에게 적당히 무심한 하우스메이트로 지냈다. 끊임없는 대화와 소통을 통해 우리는 서로의 차이를 조금 더 깊이 이해하려 노력했고, 동시에 서로를 얼마나 사랑하는지를 새삼 깨닫는 시간도 가졌다.

과거의 나는 반항심과 관성에 기대어 변화를 현실과의 타협으로 치부했지만, 고백건대 그것은 나의 미숙함에서 비롯된 고집이었다. 게다가 지금의 상황은 나의 선택이 곧 사랑하는 이들에게 연대책임으로 돌아가는 구조였다. 그런 현실 속에서 나의 결정이 그들에게 부담으로 작용하는 것을 외면할 수는 없었다. 무엇보다도 나는 우리가 함께 만들어낸 이 느슨하면서도 단단한 가족의 형태가 마음에 들었다. 서로의 독립성을 존중하면서도 깊은 애정을 기반으로 이어진 이 관계는 나에게 안정감과 행복을 가져다주었다. 그래서 나는 가능하다면 이 공동체의 연대기를 더 오래 써 내려가고 싶다는 마음을 품게 되었다.

그동안의 쇠 같은 고집을 조금씩 내려놓기로 했다. 책임이 따르는 선택이라면 늘 존중받고 자란 덕분에, 사랑하는 자식이 보통의 흐름과 다른 방향으로 걸어가는 것에 대해서 당신들은 끝내 잔소리 한마디 없으셨다. 걱정의 크기는 믿음의 크기와는 반비례하지만, 사랑의 크기와는 비례하는 법이다. 끝까지 믿음을 놓지 않으면서도 사랑하는 마음이 너무나도 컸을 나의 부모는 내내 불안하고 속 끓는 마음을 삼켜야 했을 것이다. 내색 없이 10년을 인내한 그들에게 더이상 쓸데없이 오기를 부릴 이유가 없었다. 때로 자유라는 이름으로 방종에 가까운 선택을 하기도 했고, 유치한 어린아이처럼 굴기도 했으니, 사랑하는 사람을 위해서라면 이제는 보다 성숙해져야 했다. 나는 결국 이 새로운 변화를 받아들이고, 그 변화에 책임을 지고 필요한 만큼의 대가를 기꺼이 감수하기로 결심했다.

　삶의 공간과 지난 시간을 찬찬히 돌아보며 새로운 변화를 받아들이기로 마음먹고도 놓치고 싶지 않은 것이 있었다. 이를테면 여름날 새벽 5시의 햇살처럼, 내가 놓치고 싶지 않은 것들을 나열해보았다. 줄 바꿈 없이 A4용지가 가득 찼다. 어쩐지 조금 숙연해지는 기분이 들었다. 나는 다시 나열된 단어 혹은 문장들을 하나씩 차분히 읽어보며 그중 중요치 않거나 건강하지 않은 것들을 지워나가기 시작했다. 아둔한 신념, 지나친 순진함, 자기 파괴적 행동, 오기 섞인 이기심에 해당하는 것들이 가장 먼저 지워졌다. 어떤 것들은 선뜻 잘라내도 되는지 확실치 않아 몇 번을 지웠다 다시 쓰기를 반복하기도 했다.

　오랜 숙고 끝에 건져올린 것들을 들여다보며 나는 천천히 크게 기지개를 켰다. 아마도 인고의 시간을 거친 결정체를 만날 때까지 나는 이 작업을 꽤 오랫동안 수련하듯 반복하게 될 것이다. 이 행위는 10년 후의 나에게 책임을 미루던 과거의 나를 위한 예의이자 앞으로 함께 살아갈 사람들을 존중하는 방식이기도 했다.

거대한 계절의 순환 속에서 문득 생각에 잠긴다. 찬란히 빛나는 새벽 5시와 깊은 어둠 속에 잠긴 새벽 5시를 똑같이 사랑할 수 있듯, 삶 속에서 겹겹이 쌓인 시간과 공간, 그리고 나와 사랑하는 사람들의 존재 또한 기꺼이 긍정하고 받아들이기로 한다.

예상치 못한 순간에, 나는 성장의 문턱을 조용히 넘은 듯한 느낌을 받았다. 잃고 싶지 않은 것들이 일러주는 삶의 방향성을 곰곰 되새겨본다. 앞으로 나는 또 어떤 형태와 색깔의 아름다움을 마주하며 살아가게 될까. 삶의 크고 작은 경험들이 계절처럼 순환하며 나를 더 깊고 단단한 존재로 다듬어가고 있다. 그 사실이 문득 가슴에 와닿는다.

06시

나는 여기 잘 도착했다

김윤옥

아름다운 제주의 자연 속에서 매일 새벽 남편과 명상으로 하루를 시작한다. 인생 2막을 준비하는 두번째 사춘기, 나만의 색깔과 나만의 속도로 가슴 뛰는 삶을 꿈꾼다. 현재 제주에서 명상지도자로 활동하고 있으며, 글을 통해 자신을 잘 이해하고 자신을 잘 표현하려 노력하고 있다.

새벽에 눈을 뜨면 창문 너머 저 멀리 동쪽 하늘이 서서히 밝아오기 시작한다. 어둠 속에서 붉은 기운이 번져나오는 모습은 마치 불타오르는 저녁노을의 형상처럼 찬란하고 신비롭다. 그 빛은 점점 짙어지며 하늘의 경계선을 물들인다.

거실의 창문을 열어 환기를 시키면 유난히 길고 무더웠던 여름의 후덥지근한 기운은 온데간데없이 시원하고 맑은 공기가 집 안으로 흘러든다. 공기의 부드러운 흐름은 자연의 손길처럼 나의 피부를 어루만지고, 나는 그것이 전해주는 변화를 온몸으로 느끼며 감사한 마음으로 깊이 들이마신다. 상쾌함이 폐 속을 가득 채우는 단순한 기쁨이 마음속에 번진다.

남편이 잠이 덜 깬 눈을 비비며 천천히 일어나 거실로 나온다. 여전히 부스스한 머리를 손으로 쓸어넘기며 소파에 몸을 기대는 그의 모습은 나른한 새벽의 한 풍경이 된다. 나는 거실 한쪽에 마련된 나만의 명상 자리로 자리를 옮긴다. 그러곤 다리를 모으고 편안히 앉아 남편과 함께 새벽의 고요를 나눈다. 그의 느린 숨소리와 새벽 공기의 부드러운 흐름이 어우러져 집 안 가득 평화로운 시간이 흐른다.

동그란 주황색 카펫 위에 '노래하는 그릇'이라고 불리는 싱잉볼 여덟 개가 동그란 연꽃처럼 펼쳐져 있다. 음식을 담는 우리네 놋그릇처럼 생긴 싱잉볼은 멀리 히말라야 지역에서는 그릇을 때려 울리는 소리를 들으며 명상을 하는 데 쓰였다고 한다.

부드러운 양모로 감싼 스틱으로 싱잉볼을 한 번 치면 그 부드럽고 풍성한 울림이 길게 길게 여운을 남기며 진동과 함께 온몸의 세포를 깨우고, 마음을 지금 여기로 차분하게 데려다준다. 그 소리를 듣고 있노라면 저절로 나의 손을 잡고 명상의 세계로 문을 열어주는 느낌이 든다.

딩 하고 울리는 소리가 분주했던 마음을 부드럽게 가라앉히며 내면으로 이끈다. 딩, 다시 한번 부드럽고 깊은 진동이 울리면 생각과 마음의 작용이 멈추며 발가락부터 깊은 세포에 이르기까지 온몸이 이완된다. 그러다 보면 어느새 마음은 지금의 몸을 벗어나 과거를 관조하고 있다.

제주에 내려온 지 어느새 만 3년이 됐다. 제주에 내려올 즈음 나는 갱년기의 꼭지점을 찍고 있었고, 결혼 생활 내내 눌러놓았던 앙금은 활화산처럼 폭발해버렸다. 시도 때도 없이 오르내리는 열감은 분노인지 호르몬의 장단인지 알아차릴 새도 없이 춤을 추었다.

나는 사실 결혼 생각이 없었다. 그렇게 평생 혼자 살 줄 알았는데 마흔이 넘고 보니 외로운 마음에 늦은 나이에 결혼을 하게 되었다. 결혼을 하고 나니 나도 이제 나를 지켜줄 보호자가 생긴 것 같고, 함께 사랑을 주고받으며 살 거라고 기대했지만, 아쉽게도 우리는 대화가 잘 되는 편이 아니었다.

남편은 사남매 중 막내로 어릴 적 아버지를 여의었다. 살길이 막막했던 어머니가 첫째와 둘째만 데리고 서울로 떠나는 바람에 완도 바닷가에서 작은 누나와 할머니와 함께 자랐다. 그러다가 중학생이 되어서야 다시 어머니와 함께 살게 되었다. 그가 지금 말수가 적은 데에는 외롭게 보낸 유년기가 한 몫 했을지 모른다.

처음 시댁에 인사를 갔을 때가 생각난다. 누님과 어머님은 "벙어리가 어떻게 연애를 했느냐"며 신기해하셨다. 남편은 과묵하기는 해도 성실하고 부탁도 잘 들어주고, 집안일도 잘 도와주는 자상한 사람이다. 하지만 내가 바라는 것은 감정에 대해서 공감해주고, 위로가 필요할 때 위로해줄 수 있는 든든한 내 편 같은 남편이었다.

화목한 가정을 꿈꾸었던 나는 시댁 식구들과 잘 지내기 위해 노력했다. 결혼은 사랑하는 둘만의 결합이 아니라 서로 다른 문명과 문화가 교차하는 지점이다. 한 사람을 내 세계에 들인다는 것은 그가 경험한 시간, 사건, 기억, 사소한 습관 등을 받아들이는 것이다. 지금 돌아보면 욕심 같기도 한데 그때의 나는 그걸 잘 해내고 싶었다. 하지만 그 노력이 무색하게 어느 순간부터 서서히 고부갈등이 시작되었다.

남편이 출근하면 나는 자연스럽게 투명인간이 된 듯했다.

어머님은 나와는 함께 식사하지 않다가도, 저녁에 남편이 돌아와 저녁상이 차려지면 갑자기 다정한 목소리로 "너도 어서 와. 같이 밥 먹자"라고 하셨다. 그때마다 온몸에 소름이 돋으며 마치 TV에서나 보던 장면이 재현된 듯이 나의 현실이 낯설게 느껴졌다.

얼마 후 아이가 태어난 뒤에도 경제적인 요구는 점점 늘어만 갔다. 남편은 두 집 살림을 하느라 주말에도 쉬지 않고 일했다. 시댁 식구들 중 누구도 어머니를 경제적으로 돕지 않아 막내인 남편이 모든 책임을 도맡았다. 그는 늘 바빴고, 쉬지도 못했으며, 그 스트레스를 매일 술로 달랬다. 나는 종종 우리가 왜 이렇게 살아야 하는지 모르겠다고 소리를 질렀다. 그러나 남편은 묵묵부답이었다.

그는 어린 시절 가족에 대한 사무친 그리움에 사로잡혀 자신을 희생해서라도 가족을 지켜야 한다는 일념으로 살아가고 있었다. 내 눈에 그는 마흔이 넘도록 인생을 제대로 시작조차 못 해본 사람 같았다. 꼭두각시 인형처럼 자신의 춤이 아닌, 누군가의 춤을 대신 추며 살아가는 모습이었다. 자신의 삶은 없이, 타인을 만족시키기 위해 부단히 애쓰는 그가 안쓰럽고 애처로워 눈물이 날 때도 있었지만, 한편으로는 나 자신도 이상한 구렁텅이에 빠져버린 기분이었다. 늦은 나이에 결혼하고 갑작스레 겪게 된 이 모든 상황이 마치 예고 없이 찾아온 교통

사고 같았다. 내게 일어난 일이 아닌 것처럼 부정하고 싶었다.

본능적인 방어심이 일었다. 누군가 나를 괴롭히기 위해 의도적으로 저지른 일이 아니라는 걸 알면서도, 마음속 깊은 곳에서 거센 반발이 일어났다. 하지만 이대로 피해의식에 젖어 살고 싶지는 않았다. 아이에겐 미안했지만 원가족에게서 독립하지 못하고, 늘 시댁에 휘둘리는 남편과 더이상 함께할 자신이 없었다.

"우리, 이혼해."

오랜 숙고 끝에 찾은 진심이었다. 방 안 공기가 순식간에 얼어붙는 것 같았다. 말이 끝나기가 무섭게 복잡한 감정들이 얽혀 올라왔지만, 침착하려 애썼다. 남편은 잠시 말없이 나를 바라보았다. 그 시선 속에는 지친 기색과 혼란, 어딘가 단념한 듯한 표정이 섞여 있었다. 한참을 망설이던 그가 낮은 목소리로 말했다.

"제주로 가자."

"……"

나는 농담이라도 하는 건가 싶어 그의 눈을 다시 보았다. 그러나 그의 표정은 진지했다.

"모든 걸 내려놓고 제주로 가자. 네가 하고 싶은 대로, 내가 따라갈게."

그의 목소리는 평소와 달리 힘이 빠져 있었지만, 그 안에는 묘한 간절함이 섞여 있었다.

나는 아무 말 없이 그를 바라봤다. 순간적으로 여러 생각이 스쳤다. 이혼이라는 단어를 꺼내기까지 마음속에서 얼마나 많은 갈등을 겪었는지, 그 말이 그에게 얼마나 큰 충격을 주었는지, 그리고 제주로 간다고 해서 정말 모든 것이 달라질 수 있을지.

"제주로 가면 뭐가 달라져?"

나는 조심스레 물었다. 남편은 잠시 말을 멈췄다. 그러곤 이내 고개를 숙이며 한숨 쉬듯 속삭였다.

"모르겠어. 하지만 여기서는 더이상 안 될 것 같아. 나도 이제 다 놓고 싶어."

처음으로 남편이 자신의 한계를 인정하는 모습을 본 것 같았다. 그때쯤 그도 형제자매들의 태도에 많이 실망했고, 자신의 가정을 지켜야 한다는 생각이 들기 시작했던 것 같다. 그것이 어쩐지 낯설고 동시에 조금은 안타까웠다.

나는 아무 대답도 하지 못한 채 가만히 앉아 있었다. 그렇게 한동안 우리는 서로 말없이 마주 보았다. 하지만 그 침묵 속에서, 어쩌면 처음으로 대화다운 대화를 하며 서로의 상처를 조금씩 이해하기 시작한 건지도 모른다.

그렇게 '다시 살기' 위해 찾아온 제주였다. 하지만 우리는 한동안 마음속에 쌓아둔 문제들을 해결하지 못해 방황했다. 중재자가 되어준 건 제주의 자연이었다. 제주의 숲과 바다와 공기와 하늘은 서서히 우리의 뜨거운 가슴을 식혀주었다. 남편은 어린 시절 바다에서의 삶을 그리워했고, 나도 시골에서 자라서 자연을 유난히 좋아했다. 우리는 함께 올레길을 걸으며 조금씩 대화를 시작했고, 남편은 낚시를, 나는 운동을 시작했다. 남편은 여전히 바빴지만, 점차 마음의 여유를 되찾아갔다.

어느 순간 나는 남편에게 사랑받고 싶은 욕구는 나 스스로 채워야 함을 알아차렸다. 남편은 사랑을 안 하는 게 아니라 잘 못하는 거였다. 대답만이라도 잘 해달라고 하면 이제 남편은 노력하겠다고 말하고 설거지를 열심히 한다. 그것이 남편의 노력이고 사랑이었던 것이다. 나는 남편의 다름을 조금씩 받아들이려 노력했다.

폭풍 같던 갱년기도 서서히 잦아들었다. 열감은 희미해졌고, 호르몬의 혼란도 차츰 안정되었다. 우리는 서로를 있는 그대로 연민과 이해의 시선으로 바라볼 수 있게 되었다. 갱년기는 맨정신으로는 꺼내기 어려운 숙제를 덥석 집어 해결해준 셈이었다.

이제 우리는 함께 새벽마다 명상을 하고, 산책을 하며 지난 이야기를 나눈다. 서로의 존재가 의지가 되고, 그로 인해 감사함을 느낀다. 그는 잘못은 잘못이라 인정하고, 미안한 일은 미안하다고 말한다. 조금 느리지만 비로소 자신의 삶을 돌아보기 시작한 것 같다.

내가 새벽 명상을 빼먹을 것 같으면 남편이 나를 깨운다. 나는 아직 그에게 명상이 무슨 의미이며, 어떤 경험을 하고 있는지는 알 수 없지만, 그 느낌이 좋은가보다. 무엇이든 시작은 어려워도 한번 시작하면 꾸준히 잘해나가는 남편은 이번에도 나보다 성실하다.

아름다운 제주의 3년은 우리 가족에게 커다란 선물을 주었다. 모든 것이 제자리를 찾은 듯 편안하고 안정되어가는 기분이다. 여전히 인생은 우리에게 어려운 수수께끼를 내겠지만, 이제 우리는 함께 한 발 한 발 나아갈 수 있다.

딩, 이만 깨어나라는 듯 싱잉볼이 울린다. 먼 과거를 돌아 나는 다시 현실로 돌아온다. 지금 여기, 나의 호흡이 평온하게 오르락내리락하는 나의 가슴으로 이어지는 순간으로. 호흡 속에 그 모든 마음을 내려놓고 휴식을 취한다. 나는 여기 잘 도착했다.

2

햇살의
울림

나를 향한 문장들을 궁굴리다 보면 어느새 세상에도, 나 자신에게도 너그러운 마음 한 줌이 생겨난다. 그 너그러움이 내 불안을 조금은 물리치고, 어쩌면 나도 쓸 만한 사람일지 모른다는 자신감을 심어준다.

07시

고 요

청정

예술과 여행, 그리고 삶을 사랑한다.
어지간해서는 다 괜찮은 사람이 되고 싶다.

귤나무와 동백꽃 정원을 마주한 너른 공간, 영롱한 싱잉볼 소리가 고요를 깨운다.

매일 아침 7시, 조천읍 선흘리 소재의 한 북카페에서 진행되는 명상 모임으로 하루를 시작한다. 지난해 겨울부터 나름 성실하게 이어오는 모닝 루틴이다.

열 명 남짓한 인원이 오밀조밀 둥글게 모여 앉아 있다. 이곳에 오는 사람들은 그날그날 조금씩 바뀐다. 물론 다수는 고정된 구성원이지만 여행자들이 우연히 들르기도 하고, 지인 소개로 새로운 참석자가 등장하기도 한다. 처음에는 일면식도 없는 사람들과 같이 숨 쉬고 앉아 있는 게 생경하게 느껴지기도 했지만, 의외로 집에서 동영상을 틀어놓고 혼자 명상하는 것보다 몰입이 잘되는 것 같아서 꾸준히 나가고 있다. 이들은 각자 저마다의 문제를 끌어안고 오는데 명상하는 동안 스스로 정리하기도 하고, 이후 갖는 차담 시간을 통해 서로 이야기 나누며 해소하기도 한다. 사실 별 기대 없이 가벼운 마음으로 참여하게 되었는데 함께하는 사람들의 좋은 기운 덕분인지 하루의 시작이 더 편안하고 활기차졌다.

신발을 가지런히 벗어놓고, 마루에 깔린 정사각형 방석과 동그란 쿠션을 엉덩이로 꾹 눌러앉는다. 척추를 하나하나 바로 세워 등과 허리를 꼿꼿하게 편다. 다리는 양반다리 또는 가

부좌를 틀고 몸에 힘을 뺀다. 좌식 생활에 익숙지 않아 불편하거나 무릎이 아픈 분은 한쪽에 마련된 의자를 살포시 가져와 앉은 채로 명상하기도 한다. 대신 등받이에 기대지 않고 최대한 바른 자세로 임한다. 양손은 무릎 가까이 허벅다리 위에 툭 내려놓은 채 손바닥을 하늘로 향하게 하고, 엄지와 검지를 동그랗게 말아 쥔다. 손으로 그리는 오케이OK 사인, 지혜의 손동작! 기안 무드라.

자세를 가다듬자 싱잉볼의 잔여 진동음에 안내자의 나직한 음성이 자연스레 스민다.

"눈을 지그시 감고, 숨을 깊게 들이마신 후, 천천히 온몸으로 끝까지 숨을 내쉽니다. 자신의 숨이 어디에 머무는지 가만히 느껴봅니다. 여기저기에 가 있는 흩어져 있던 의식을 지금, 이 순간 숨으로 가져옵니다."

나의 의식은 어디에 가 있는가. 잠시 방심하는 찰나의 순간, 의식의 흐름은 정처 없이 사유 여행을 떠나고 만다. 애써 유지하던 바른 자세마저 이내 흐트러진다. 지혜의 손동작 또한 온데간데없이 엄지와 검지를 사르르 비비고 있거나, 동그랗게 말아 쥐었던 손가락 원이 풀어져 있다. 그러거나 말거나 고요히 몰두한 채 의식과 무의식 중간 어딘가에 머물러 있는 나를 찾아 떠난다. 결국 지나간 일들이나 아직 오지 않은 날들에 가 있는 나를 숨으로 데려온다.

머릿속이 유독 복잡한 날엔, 오만가지 생각이 끝도 없이 이어진다. 미처 다 읽지 못한 책의 뒷내용부터, 이 글의 맺음말까지. 생각의 길은 무궁무진하게 뻗어나간다. 집에 있는 식솔과 육지에 있는 가족들, 심지어는 먼 지인들의 안녕까지 묻고 돌아오는 날도 부지기수다. 그런 날이면 조금 의기소침해지기도 한다.

'아무것도 생각하지 말아야지, 아무것도 생각하지 말아야지를 생각하지 말아야지.'

다시 오롯이 숨에 집중해본다. 깊이 더 깊이 호흡한다. 모든 감각의 날을 세워 예민하게 느껴본다. 공기처럼 평소에는 잘 인지하지 못하는 무수히 많은 것들이 더없이 완벽하게 존재한다는 걸 깨닫는다. 단 한 번도 알아달라 한 적 없던, 좀체 드러나지 않던 진실의 정면을 마주한 느낌이다. "나는 내가 아무것도 모른다는 사실을 알았다." 평생 지혜와 진리를 추구하던 소크라테스의 명언이 스친다.

"나는 누구인가? 나는 무엇에 감사하는가? 나는 이 세상에 무엇을 남기기 위해 왔는가? 나는 왜 존재하는가?"

쏟아지는 안내자의 질문, 고요한 침묵 속에 모두 자신만의 답을 찾으려 헤맨다.

과거의 나는 훌륭한 사람이 되겠다고 현재는 모조리 미래에 저당 잡힌 채 빼곡한 계획들을 세우며, 후대에 무언가를 남기려는 삶을 살아왔다. 그게 옳은 길이라 여겼다. 무리에 무리를 거듭하다 결국 삼십대 후반에 조기 은퇴하고 제주에 내려왔다. 섬에서의 새로운 일상은 과거의 관념들을 무너뜨리기에 충분했고, 그저 다른 길로 나아가면 된다는 사실도 알게 되었다. 그리고 어쩌면 아무것도 남기지 않은 편이 더 의미 있을 수도 있다고. 여기까지 생각이 미치자 의식이 지금, 이 순간으로 돌아왔다.

"긍정적인 마음, 부정적인 마음, 그 사이를 왔다갔다하는 자기 자신을 가만히 바라보세요. 생각은 그냥 흘러가게 두시고. 자, 이제 다시 숨으로 돌아오세요."

안내자의 지침에 따라 무념무상으로 멍때리듯 숨만 쉬는 행위를 지속한 지 얼마나 됐을까. 온갖 근심 걱정과 생각들로부터 한 발짝 떨어져 지금, 이 순간 살아 숨 쉬고 있는 나를 느낀다. 때로는 숨을 의식하는 것만으로도 평화가 찾아온다. '아, 나는 이렇게 호흡하고 있구나!' 평온하고 안정적으로 숨을 내쉬고 있음을 알아차린 나의 의식을 바라본다. 잠시였지만 충분히 휴식한 기분이다.

고요해진 나를 깨우는 명료한 싱잉볼 소리가 들린다. 벌써 명상을 마칠 시간이다. 이후에는 차와 담소를 나눈다. 차향이 은은하게 퍼지자 온기가 깃들며 이야기가 깊어진다. 생각이 꼬리에 꼬리를 물어 알아차릴 새가 없다거나, 생각 너머의 것을 생각할 수가 없다는 속내를 비친다. '역시 나만 그런 게 아니었군! 하하하.' 비슷한 어려움을 토로하며 서로를 공감한다. 생각은 응당 떠오르기 마련이니 애써 멈추려 하지 말고, 그저 아, 내가 이런 생각들을 하고 있구나 하고 알아차리면 된다고 안내자가 우리를 안심시켜준다.

이제 다시 각자의 일상으로 돌아가야 한다. 함께 명상하는 것은 동시에 존재하면서 각기 다른 시간을 경험하고 느끼는 것이다. 물론 집중을 방해하는 요소가 더해질 수도 있어 일장일단이 있다. 그럼에도 불구하고 매일 아침 7시, 다들 이곳을 찾아와 명상하는 궁극적인 이유는 잘 살아가기 위함이 아닐까. 우리는 저마다 살아가는 방식과 태도에 대해 진지하게 고민한다. 이곳에서는 그러한 성찰 과정을 자연스레 엿보고 배울 수 있는 행운이 공으로 주어진다.

오늘, 지금 여기. 살아있음에 감사하며, 남은 삶의 여정을 그려본다. 시간적 여유와 몸이 허락되는 한 명상을 계속해야겠다고 마음먹는다. 끝으로 모두 함께 오늘 하루를 살아가는 의도를 심는다.

"건강하고 활기찬 몸, 사랑과 연민이 가득한 심장, 투명하게 깨어 있는 지성, 가볍고 유쾌한 삶. 내 안의 신성이 당신 안에 신성에게 경의와 존중을 표합니다. 나마스떼('나와 당신이 다르지 않습니다. 당신을 존중합니다. 감사합니다'라는 뜻의 산스크리트어)."

나와 당신의 하루가 고요하기를. 우리 모두 온전한 자신으로 잘 살아내기를.

08시

불편한 진실

이랑

해외영업 회사원, 영어 강사, 환경단체 활동가 등 다양한 일을 하며, 언제나 엄마라는 정체성을 삶의 중심에 두고 살아왔다. 좋은 엄마가 되기 위한 노력은 더 나은 인간으로 성장하려는 바람으로 이어졌고, 지금은 나만의 '조화로운 삶'을 고민하며 제주도에서 실험적인 삶을 이어가고 있다.

매일 아침 8시, 거실 복도에서 우리는 원수처럼 만난다. 졸린 눈을 비비며 서로의 눈이 마주치는 그 순간, 누가 먼저 아침 인사를 건넬지 보이지 않는 줄다리기가 시작된다.

아침 인사를 하든 안 하든, 누가 먼저 하든 그런 무의미한 힘겨루기가 중요하지 않았던 때도 있었다. 서로 눈을 뜨자마자 얼른 끌어안고 뽀뽀를 퍼붓던 일상은 이제 옛날이 돼버렸다. 내 입장에서 하루아침에 변한 건, 바로 사춘기에 접어든 아이였다.

한때 세상에서 제일 예쁜 사람은 엄마라며 자랑하던 아이는, 이제 불리한 상황이 되면 갑자기 유전자를 들먹이며 자신의 작은 키를 엄마 탓으로 돌린다. 내가 온 마음을 다해 "사랑해"라고 말하면 아이는 건성으로 "응" 하고 휙 사라져버린다. 그런데 두 달도 채 못 가는 여자친구에게는 "사랑해"라는 문자를 하루에도 몇 번씩 보낸다. 사실 이런 행동은 귀엽게 여길 수 있다. 진짜 문제는 점점 방자해지는 아이의 태도다. 말수가 줄어드는 걸 넘어, 묻는 말에 무례하게 취사선택해 대답하고, 어느 순간에는 인사마저 생략해버린다.

"안녕히 주무셨어요?" 고작 여덟 음절밖에 안 되는 이 말이 그렇게 힘든 일일까. 아침 인사는커녕 일찍 안 깨웠다고 불평하고, 빨래를 안 해서 입고 갈 옷이 없다는 불만까지 쏟아낸다. 그러다 동생에게 시비까지 걸고 나면 결국 아침 풍경은 그야말로 아수라장이 된다. 클래식 음악과 커피 향으로 시작한 산뜻하고 평온한 아침은 어느새 생지옥으로 변한다.

'아이의 건들거리는 말투와 짜증에 욱하지 말자. 끝까지 따뜻한 마음으로 사랑한다고 말하고, 꼭 껴안아주며 배웅까지 잘 마무리하자.' 매일 아침 다짐하건만, 또 매일 아침이 고비다. 한없이 투덜거리는 아이에게 하고 싶은 말을 꾹 참으며 필요한 말만 상냥하게 건넨다. 그래도 첫번째 고비를 무사히 넘겼다.

매일 아침 아이를 위해 끼니를 준비해온 지도 어느덧 12년이 되었다. 정성을 다해 균형 잡힌 음식을 차려 내놓으면, 아이는 여지없이 불만을 늘어놓는다. 양이 많다, 식감이 별로다, 맛이 밍밍하다, 시간이 없다 등 이유는 다양하다. 결국 몇 입만 겨우 먹고 자리를 뜬다. 속에서 한마디하고 싶어 입이 근질거리지만 꾹 참고, 대신 웃으며 말한다. "아침을 조금 먹었으니 학교 가서 점심은 맛있게 먹어야 해!" 그렇게 마음을 다잡고 두번째 위기를 넘긴 나 자신이 살짝 대견해지려는 찰나다.

하지만 문제는 여기서 끝나지 않는다. 아침을 대충 먹고선 학교에 늦겠다고 서두르더니, 정작 아이는 태평하다. 시계를 보며 초조해지는 나와 달리, 아이는 소파에 앉아 핸드폰을 붙들고 한참을 키득거린다. 그래도 혹시나 스스로 핸드폰을 내려놓고 학교 갈 준비를 하겠거니 기대를 걸어보지만, 10분, 15

분, 20분이 흘러도 변함이 없다. 결국 지각이 확실해진 상황에서 아이는 태연하게 "천천히 갈 거야. 선생님께 늦는다고 메시지 보내줘"라며 명령조로 말한다. 그러면서도 핸드폰을 여전히 손에 쥐고, 얼굴을 반쯤 앞머리로 가린 채 거북목이 된 모습으로 화면만 응시한다.

그 모습을 가만히 바라보던 내 안에서 뭔가가 끓어오른다. 심장이 빨리 뛰고 얼굴이 뜨거워지더니 이윽고 참았던 말이 터져나온다. 결국 나는 헐크보다 무섭고 킹콩보다 난폭한 괴물이 되어버린다. 아이를 향해 쏟아낸 말들은 내 감정을 휘몰아쳐 더 날카롭게 변하고, 그제야 후회가 밀려온다. 감정적으로 대응한 스스로가 한심해져 자괴감에 빠진다.

배웅이라도 제대로 하겠다는 마음에 하던 일을 멈추고, 지친 몸과 마음을 이끌어 현관으로 달려간다. 한참 전, 핸드폰을 낚아채며 고함친 게 미안해 다시 정신을 다잡고, 억지로 인자한 엄마 미소를 지어본다. 하지만 아이는 숱하게 가르쳐온 "다녀오겠습니다" 대신, 마치 아랫사람을 대하듯 "간다"라고 퉁명스럽게 내뱉는다. "간다"가 아니라 "다녀오겠습니다"라고 해야지, 라고 말하려는 찰나, 아이는 얼굴을 잔뜩 찌푸리며 현관문을 쾅 닫고 사라진다. 문이 닫히며 남겨진 텅 빈 현관을 바라보는데, 심장이 요동친다. 아, 욕이 절로 튀어나올 것만 같다.

나는 다정하고 사랑이 넘치는 엄마가 되고 싶었다. 누군가 아들 셋을 키우면 천국에 공짜로 간다고 했던가. 그런데 나는 아들 둘이라 천국은커녕, 우아한 엄마가 되는 일조차 글렀단 말인가. 물론 사춘기가 전두엽의 조절 능력이 떨어지고 편도체가 예민하게 반응하는 시기라는 건 안다. 별 이유 없이 분노, 불안, 두려움이 휘몰아치는 불안정한 시간이라는 것도 이해한다. 하지만 그게 엄마를 이렇게 무시하는 행동까지 정당화할 수 있을까. 낳아주고 길러준 나를 이렇게 대하는 건 정말 괜찮은 걸까.

분노와 서운함이 뒤섞여 갑자기 눈물이 쏟아진다. 왜 이렇게 자존심이 상하고 화가 나는 걸까. 정성껏 준비한 아침을 남겨서? 바르게 인사를 안 해서? 아니면, 아이가 내 안의 바닥을 계속 끌어내게 만들어서? 감정이 북받쳐 호흡을 고르려 애쓰는 순간, 문득 남편과 나눈 대화가 떠오른다.

"고통을 주는 모든 인연이 그렇지만, 특히 버리거나 끊을 수 없는 부모와 자식 사이에서 오는 괴로움은 우리에게 더 깊은 깨달음을 주고, 결국 우리를 승화시키기 위해 찾아온 거라고 하잖아. 아이를 보며 왜 그렇게까지 감정이 올라오는지 잘 살펴봐. 정말 좋은 기회잖아."

함께 마음공부를 하고 있지만, 날라리 학생 같은 나보다 훨씬 진지하게 임하는 남편이 최근 사춘기 아이와 씨름 중인 나를 안타깝게 여기며 조심스럽게 건넨 말이다.

그래, 맞다. 그런데도 자꾸 피하고 싶다. 마음공부를 통해 모든 근심은 상대방이 아니라 결국 나 자신이 일으킨다는 걸 배웠기에, 아이와의 갈등에서 터져나오는 내 감정이 곧 내 숙제라는 사실을 진작 깨닫고 있었다. 하지만 나는 여전히 부족한 엄마다. 아이의 행동 뒤에 나의 연약함을 숨기고, 사춘기 아이의 미숙함을 탓하는 쪽을 택한다. 그게 더 쉽고 편하니까. 내 안에서 요동치는 불편한 진실과 마주하기보다, 아이를 문제의 원인으로 여기는 것이 순간적으로는 나를 덜 괴롭히니까.

아이는 무려 열 달 동안 나와 한 몸을 이루고 내 유전 정보를 품은 채 이 세상에 태어난, 나와 가장 가깝지만 분명히 다른 존재다. 아이가 태어난 순간, 그 신비로운 존재는 바라보기만 해도 가슴 벅찬 감정을 안겨주었다. 어떤 대가 없이도 기꺼이 목숨을 내놓을 수 있을 것 같은 낯설고도 강렬한 감각이 엄마가 되는 순간 내 마음과 몸에 새겨진 듯했다.

아이를 생각하며 남편의 말을 되새기니, 아이에게 향했던 불편한 감정을 천천히 나 자신에게로 돌릴 용기가 생긴다. 사실 아이는 그 자체로 완전한 존재인데, 나는 아이를 통해 숨기고 싶은 내 단점과 외면하고 싶은 부족함을 마주한다. 나를 바라볼 용기가 없으니 나와 꼭 닮은 아이를 탓하며 화살을 돌린다. 결국, 아이를 향한 떫은 감정은 나 자신에게로 향해야 했던 마음임을 깨닫는다.

내가 붙들고 있는 예의범절, 영양가 높은 아침을 잘 먹여야 한다는 집착 또한 내가 풀어야 할 과제다. 아이가 어디서 버릇없다는 소리를 들을까 걱정했고, 그 비난이 가정교육을 잘못시킨 나를 향할까 두려웠다. 진정한 존경심은 서열에서 나오지 않는다는 걸 알면서도, 엄마를 향한 기본 예의를 잃은 아이가 나를 무시하게 될까봐 불안했다. 그래서 마치 그것이 규범이라도 되는 양, 누가 먼저 인사해야 하는지 따지고 가르치려 들었다. 아침밥도 마찬가지다. 오래 씹고 맛을 음미해야 하는 섬세한 입맛을 가진 아이에게 바쁜 아침에 푸짐히 먹으라는 건 고문에 가까웠다. 그런데도 아이를 이해하려는 노력보다 '엄마로서의 책무'를 우선시했다. 아직도 아침을 챙기지 않는 엄마를 직무유기로 보는 시선이 존재하지 않나. 어쩌면, 아이가 잘 먹고 잘 크는 모습을 내 육아의 트로피로 삼아 스스로 효능감을 느끼고 싶었던 건지도 모르겠다.

공부도 비슷하다. 성적을 강요한 적은 없지만, 중학교를 앞둔 지금 불안감이 스멀스멀 올라온다. 책 한 권이라도 읽으면 좋으련만, 핸드폰에 푹 빠져있는 아이의 모습이 자꾸 신경 쓰인다. 학원에 다니지 않는 몇 안 되는 친구들과 하루 종일 놀다가 해가 져야 집에 들어오는 생활도 걱정스럽다. 초조한 마음에 잔소리를 하며, 나도 모르게 '넌 부족해'라는 신호를 보낸다. 이 상태를 찬찬히 들여다보면, 나 역시 사춘기 아이처럼 편도체가 과도하게 활성화되어 있다. 하지만 내가 내 삶을 긍정적으로 바라보고 자부심과 여유가 있을 땐, 아이가 하루 종일 친구들과 놀러 다녀도 크게 신경 쓰이지 않는다. 아이의 현재를 믿어주고, 그저 지켜보는 게 가능해진다. 결국 아이를 걱정하며 통제하려는 마음은 내가 나 자신을 향해 느끼는 불안에서 비롯된 것이다.

아이는 내가 아니고, 내 것도 아니다. 나의 불안을 아이에게 떠넘길 이유는 없다. 아이에게 내가 해줄 수 있는 것은 무조건적인 지지와 수용뿐이다. 아이는 그 믿음 속에서 언젠가 자신의 길을 찾아갈 것이다. 그러니 아이를 통제하려 하기보다 나 스스로 행복한 엄마가 되는 것이 더 중요하다.

물론, 내일 아침 아이가 눈 뜨자마자 핸드폰을 찾으며 다시 나의 인내심을 시험할지도 모른다. 그러면 또다시 목소리를 높이고 잔소리를 쏟아내며 아이와 부딪힐지도 모른다. 그런 후엔 스스로를 자책하며 괴로워할 가능성도 크다. 하지만 이런 반복 속에서도 조금씩 달라지리라 믿는다. 매일 조금씩, 내가 먼저 변하면 아이와의 관계도 자연히 편안해질 테니까. 그렇게 반복하다 보면, 육아라는 파도 위에서 균형을 잡는 법을 터득할 날이 오겠지.

아이는 나를 자극하는 존재가 아니라, 나를 비추는 거울이다. 아이와의 갈등은 결국 나 자신을 돌아보고 성장할 기회를 준다. 내가 아이를 키우는 거 같지만, 결국 나를 자라게 하는 건 아이다. 진정한 원수는 매일 아침 거실 복도에서 만나는 아이가 아니라, 바로 나 자신이다.

09시

나의 북토피아

박민진

제2의 고향이 된 제주에서 책과 화해하며 동행 중이다. 그림책과 독서 모임으로 힐링하고 있다. 언젠가 내가 쓴 책들로, 나의 북토피아가 더욱 풍성해지길 바란다.

책은 내 삶의 소중한 동반자이자 나를 위로하고 새로운 세계를 열어주는 존재다. 그러나 이 특별한 관계는 끊어졌다 이어지기를 반복하며, 내 삶에 지대한 영향을 미쳤다.

나의 독서 여정의 시작이 언제인지 명확히 기억나지는 않지만, 우리 집 책장은 엄마의 정보력과 아버지의 지지로 금성, 삼성, 웅진 출판사의 한국 고전 / 현대 문학, 세계 고전 / 현대 문학 양장본 전집들로 가득 차 있었다. 스마트폰도 없고 TV도 잘 보지 않던 그 시절, 하교 후 피아노 학원을 다녀오면 숙제보다 책을 먼저 골라 읽었다. 본격적으로 책에 빠지기 시작한 것은 사춘기가 시작된 중학생 때부터이다. 그 시절의 나는 공포물과 성인물을 제외하고 역사와 신화 이야기, 만화책, 심지어 중국의 신필 김용 무협 소설까지 모든 책을 닥치는 대로 읽어 치웠다.

공공 도서관은 멀었고, 대출 반납보다 독서실의 기능이 컸기에 자주 가지 못했다. 대신, 2주마다 아파트 단지 앞에 찾아오던 새마을 이동 문고 버스와 근처 책 대여점은 나의 북토피아였다. 새 책이 들어왔는지 기대하며 첫사랑을 만나러 가듯 설레는 마음으로 발걸음을 옮기곤 했다. 대여점 사장님은 항상 나에게 가장 먼저 새 책을 건네주었고, 나는 그곳의 VIP로 할인도 톡톡히 받았다. 그 시절의 나는 마치 가오나시처럼 닥치는 대로 책을 우걱우걱 씹어 먹었다. 그 세계 속에서 현실의 궂은 날씨는 잠시 잊혔다.

돌이켜보면 그 시절 책은 단순한 재미를 넘어 나에게 위로이자 탈출구였다. IMF로 아버지의 사업이 어려워지며 예중과 예고에 진학하고 싶었던 목표가 꺾였고, 하고 싶은 것을 할 수 없었던 사춘기의 억눌린 감정의 스트레스를 독서로 풀었다. 시험 기간에도 공부 때문에 밤을 샌 적은 없지만, 책을 읽다가 잘 시간을 인지했음에도 다음 내용이 궁금해서 조금만 더 하다가 결국 끝까지 읽지 않고는 도무지 덮을 수 없었다. 책 속 세계에 깊이 빠져들어 현실을 잠시 놓아버리는 그 몰입의 시간만이 나를 숨 쉬게 했다. 그렇게 하루에 소설 두 권은 너끈히 읽던 그때의 지식과 경험이 지금 나의 근간이 되는 밑거름이 되었다. 가끔 그 시절에 책마저 없었다면 나는 어떻게 살았을까 생각하면 아찔하다.

그러나 그렇게 열정적이었던 책에 대한 나의 사랑은 스무 살, 대학에 들어가면서 잠시 멈춤 상태에 들어갔다. 자유의 공기 속에서 나는 '독자'에서 '놀자'로 변신했다. 물론 유명하다는 책을 집어 들긴 했지만, 그건 모두 유행을 따르기 위한 수단일 뿐, 그 시절 읽었던 책들은 기억에 오래 남지 않았다. 즐거움으로 필사적으로 읽던 나의 독서 열정은 잠시 일 줄 알았으나, 그렇게 한동안 북토피아의 문을 닫았다. 이십대의 나에게 책은 더이상 없으면 안 되는 단짝 친구가 아니었다. 책 대신 사람들과의 만남과 연애 등 새로운 경험들이 나의 시간과 열정을 채웠다. 아르바이트와 여행, 다양한 동아리 활동들이 더 재미있던 그때의 나에게 책은 '언제나 다시 돌아갈 수 있고 나를 기다려줄 것'이라는 막연한 생각으로 머릿속 구석 어딘가에 먼지 쌓인 채 방치되었는지 모르겠다. 그렇게 책과의 거리는 점점 더 멀어졌고, 대학을 졸업하고 사회생활을 시작하면서 다시 책장을 열 기회는 점차 더 어려워졌다.

그러는 사이 책 대여점은 하나둘 사라졌고, 나는 결혼을 하고 아이를 낳았다. 임신 후 책과 멀어졌던 시간은 여전히 이어졌다. 그러나 출산 후, 아이와 함께하는 삶이 시작되면서 머릿속 어딘가에 죄책감처럼 쌓여 있던 책이 다시 필요해졌다. 이번에는 나를 위해서가 아닌, 아이를 위한 독서를 위해서였다. 책은 늘 그렇듯 아무렇지 않게 나와 아이를 반겨주었지만 뜻밖의 어려움도 있었다. 예전처럼 처음부터 끝까지 내 뜻대로 완독할 수 없었고, 같은 페이지나 그림책을 수없이 반복해 읽어야 했다.

그러던 어느 날, 나는 그림책의 매력에 점점 빠져들었다. 그 속에서 나 자신을 발견한 것이다. 전혀 알지 못했던 작가들이 어떻게 내 마음을 이토록 잘 이해했는지, 마치 나의 이야기가 고스란히 담긴 책들을 만났다. 따뜻하고 공감 가는 이야기를 통해 울고 웃으며, 다채로운 그림과 감각적인 색채에서 감동을 받았다. 그리고 또다시 책 속에서 길을 찾기 시작했다. 아이를 위한 책인 줄로만 알았던 그것들이, 결국 나를 치유하는 책이 된 것이다.

그러던 중 지인의 소개로 독서와 미술을 융합한 리딩아트 지도사 과정을 알게 되어 자격증을 취득하게 되었다. 외동인 아이를 위해 공동 육아를 하던 중, 공동 육아 아이들과 리딩아트를 시작했고, 그 후 다른 기관에서도 수업을 하게 되었다. 아이를 위해 시작한 그림책 공부가 나를 중심으로 점차 확장되었다. 그림책에 관심이 생기니 더 많이, 더 잘 알고 싶어졌다. 아이가 조금 더 자라면서 나는 그림책에서 다시 일반 도서로 시선을 돌릴 수 있었다. 그러나 이번에는 나 혼자가 아니었다. 아이 친구 엄마들과 함께하는 시간이 나를 새로운 독서 세계로 이끌었다. 우리는 아이들을 돌보며 틈틈이 책을 나누어 읽기 시작했고, 함께 읽는 즐거움을 배울 수 있었다.

아이의 나이가 일곱 살이 되던 해, 우리는 육지를 떠나 제주로 이주했다. 이사한 첫 달, 우연인지 운명인지 마을 도서관 활동가 교육을 받을 기회가 생겼고, 그 이후로 나는 책과 함께하는 삶을 이어오고 있다. 지난 7년 동안 도서관과 독서 관련 분야에서 일하며, 학교에서 수업도 하고 작은 도서관에서도 일해보았다. 장애인들과 그림책을 읽고 그림을 그려 책으로 만드는 프로젝트를 진행하기도 했고, 그림책 심리지도사 공부를 하며 책을 매개로 한 다양한 활동들을 통해 내 안의 독서 열정을 다시 피워냈다.

그중에서도 무엇보다 내게 큰 만족감을 주는 것은 독서 모임을 꾸준히 이어가고 있다는 점이다. 무언가를 오랜 시간 꾸준히 한다는 것은 나에게 가장 큰 성취감을 준다. 2년째 매주 수요일 아침 9시 30분이면, 개성 넘치는 7명의 중년 여성들이 모인다. 우리는 한 달에 세 번은 그림책을, 한 번은 소설책을 정해 밑줄 독서를 한다. 모임은 일주일간의 안부 인사를 시작으로 각자의 그림책 낭독과 의견 나누기로 진행되며, 시간을 제한하려고 3분짜리 모래시계를 사용하지만 결국 안부를 핑계로 한 수다가 평균 한 시간은 이어진다. 『밑줄독서모임』의 저자 여희숙 작가님이 아시면 꾸중할지도 모르지만, 말이 고픈 우리에게 이 수다는 큰 원동력이 된다. 우리는 진지할 때 진지하고, 집중할 때는 집중한다.

사실 각자의 바쁜 삶 속에서도 매주 같은 시간에 모인다는 건 쉽지 않은 일이다. 그래서 우리는 모임 이름을 '미라클 마인드 리딩 클럽'이라 지었다. 그림책을 통해 만나는 또 다른 세상과 다양한 인생 이야기가 펼쳐지는 이 작은 기적 같은 수요일 오전의 약속은 이제 내 삶에서 가장 소중한 루틴이 되었다. 이 모임은 단순히 책을 읽는 것을 넘어 삶의 이야기를 나누고 서로를 응원하는, 나의 따뜻한 북토피아 공간이 되었다.

그림책과 소설을 읽으며 쌓인 지식과 취향은 우리에게 새로운 눈을 열어주었다. 좋아하는 작가가 생기고, 좋아하는 그림체를 발견했으며, 이제는 무심코 지나치지 않고 책 속의 작은 디테일까지 눈여겨보게 되었다. 작가의 의도를 추측하고, 배경을 찾아보는 재미는 우리의 독서 세계를 더 깊고 넓게 만들어주었다. 그림책 속에 숨겨진 메시지를 발견하고, 한 장 한 장의 그림에 담긴 정성을 느끼는 일은 우리에게 또 다른 즐거움이 되었다. 이렇게 진지하면서도 유익하고, 무엇보다 즐거운 모임이 또 있을까 싶다. 2025년 새해가 한 달 앞으로 다가온 지금, 우리의 수요일은 이미 달력에 예약되어 있다. 특별한 일이 없는 한 '미라클 마인드 리딩 클럽'은 앞으로도 계속될 것이다.

독서의 기쁨을 딸과도 나누고 싶어 딸과 친구들 6명을 모아 '북프렌드'라는 어린이 낭독 모임을 시작했다. 2주에 한 번씩 모이는 이 모임은 2년이 넘는 시간 동안 이어졌고, 어린이들도 낭독의 즐거움을 알아 웬만해선 결석하지 않는다. 이런 성실함과 열정은 독서 모임을 하는 데 있어 가장 큰 보람이다.

그림책을 좋아하는 사람이라면 누구나 자신의 그림책을 만들고 싶다는 작은 꿈을 품는다. 나도 언젠가는 나만의 그림책을 만들고 싶다. 또한, 어떤 책이든 맛깔나게 읽어주고 해석

할 수 있는 멋진 이야기 할머니가 되는 꿈도 꾸고 있다. 오늘도 한 권의 책을 펼치는 이유는 바로 그 꿈을 향해 한 걸음 더 나아가기 위함이다.

책은 단순한 취미를 넘어 나를 지탱해주는 근본적인 존재다. 책 속에서 삶의 무게를 덜어내고, 다양한 시각을 배우며, 그 과정 속에서 나 자신을 알아가고 성장한다. 책이 주는 안정감과 그로 인해 천천히 발전해가는 내 모습은 내가 평생 북토피아라 부르는 이상향으로 나를 이끌어줄 것이라는 믿음이 있다. 이 믿음은 앞으로도 흔들림이 없을 것이다.

10시

숲속의 수레바퀴

배윤정

전갈자리이자 예언자형(INFJ)으로 나무보다 숲이 먼저 보이는 사람. 매일 애조로를 오가며 해와 달을 연모하고, 일상의 숲속에서 자주 길을 잃는 사람. 배달말꽃으로 이야기꽃을 피우고 싶은 사람.

어릴 적 나는 숲에서 자주 길을 잃었다. 내가 살던 고향은 산으로 둘러싸인 분지였다. 둥지처럼 안전했던 그곳은 내 바닥을 채웠고, 가닿지 못했던 꿈의 바다로 향하는 내 마음을 키웠다. 산을 자주 오르던 나는 산의 푸근함을 좋아했고, 산이 주는 온갖 것들을 신념처럼 품으며 살아왔다.

어느 날은 숲속에서 저 너머까지 가보고 싶어서 길옆을 벗어났다가 돌아오지 못했다. 산하촌까지 내려와서도 한눈을 팔다가 모르는 아저씨 손을 잡고 따라 내려오기도 했다. 그때나 지금이나 나는 자주 길을 잃는다. 갈 수 있는 만큼 가다 멈춰서서 뒤를 돌아본다. 이제까지 없었던 길을 가고 있는 나를 본다. 용감하다고, 엉뚱하다고 나를 바라보는 시선을 느낀다. 결국 되돌아오는 길을 찾지 못하는 까닭은 나아간 만큼의 길을 지키고 싶어서인지도 모르겠다.

길을 가다 떠밀리듯, 이끌리듯 여기 제주의 숲까지 왔다. 수레를 밀고 끌며 숲으로 간다. 새로운 보금자리를 찾아 떠나는 새처럼. 제주에 깃을 트기까지 그동안 살아온 길은 갈짓자 ㅅ로 어지럽다. 숲속으로 향하는 수레도 주인처럼 기울어지고 비틀대며 간다. 바람을 타며 나는 새들처럼.

제주의 자연휴양림은 숲을 보호하기 위해 주차장에 차를 세우고 수레를 끌고 숙소까지 짐을 옮기는 곳이 많다. 수레바퀴를 굴리며 길다란 숲길을 따라 엎어질 듯 아슬아슬한 여정을 시작한다. 하룻밤 머물러 먹고 자기 위한 최소한의 짐을 싣는데도 진땀이 난다. 잘 떠나기 위해 단순하게 살아야 한다는 것도 숲길에서 배운다.

지난봄, 휴양림에서 글 친구들과 함께 비 오는 숲길을 걸었다. 비옷을 입고 흠뻑 젖은 채 오름을 올랐건만 안개에 막혀버려 주변의 오름들은 오리무중이었다. 난생처음 만난 글 친구들과 100편의 글을 같이 쓰고 같이 읽으며, 서로의 살아온 날들을 위로하고 살아갈 날들을 응원하게 되었다. 우연하게도 100편의 글을 모두 쓴 날은 4·19 혁명의 날이었다. 매일 엇비슷했던 평범한 일상에서 나를 깊이 돌아보고 살아온 이야기들을 써 내려가던 쓰기에 진심인 날들이었다. 이 100일의 여정이 내 삶의 혁명이었음은 말할 필요가 없을 듯하다.

함께 걷는 숲길에는 나무뿌리와 불거진 돌부리를 덮는 야자수 매트를 교체하는 공사 구간이 있었다. 새로 깔린 노란 길은 보송보송 느긋한 걸음으로, 오래되어 낡은 길은 울퉁불퉁 굴곡진 걸음으로 걷게 된다. 오래된 길이 주는 편안한 느낌도 좋지만, 오래 걷기에는 평탄한 새길이 좋긴 하다. 오래된 친구의 너그러움도 좋지만, 새 친구의 신선함은 없었던 활력을 더해준다. 새 친구들이 오래 함께 걷는 친구 사이로 남기를 바란다.

없어진 길, 막힌 길, 돌아가는 길, 결국은 만나는 길. 길은 안개 속이라 까마득하고 빗물에 잠기기도 하고 공사 중이라 막힌 곳도 있었지만 길게 가면 다 이어졌다. 숲속에서 나뭇잎을 보는 이, 거미줄을 보는 이, 이끼를 보는 이, 작은 물방울을 보는 이…… 다른 시선과 기질로 살아가는 이들의 이야기가 이어져 길을 걷는 내내 지루할 틈이 없다. 글 친구들과는 말이 길이 되고, 글 또한 길이 된다. 글로 맺은 인연이 삶으로 들어와 마음속을 자주 오가는 오솔길을 내고 있다.

숲으로 이어지는 노란 길을 걷다가 『오즈의 마법사』의 도로시와 친구들이 떠오른다. 각자의 결핍을 채우기 위해 길을 떠났던 친구들은 모험을 하면서 깨닫는다. 그토록 바라던 것들이 원래 자기가 갖고 있었던 것임을 알게 된다. 자신을 되찾은 순간, 그 세계의 주인이 된다. 우리들에게는 글쓰기를 통해 걸었던 여정이 자신을 발견하고 자신감을 되찾는 순간이었지 싶다.

아침 10시의 숲길을 생각하면 10시에 만나게 되는 수레바퀴가 떠오른다. 대부분 휴양림의 퇴실 시간은 11시쯤이니, 다음 손님을 위해 자리를 내어줘야 하는 10시는 분주한 마무리의 시간이다. 돌아가서는 또다시 일상으로 다람쥐 쳇바퀴 도는 삶이 이어지겠지만, 다녀온 직후에는 숲에서 만난 다람쥐 같은 조금 여유롭고 느긋한 마음이 된다.

10시는 싹 다 비우고 홀연히 떠날 준비를 하는 시간이다.

어젯밤의 아련한 웃음소리와 훈훈한 취중진담 등등이 피톤치드 섞인 체취들과 임무완수한 보따리들과 함께 하나씩 묶여 봉인되는 시간이다. 누구와 오더라도 이 시간은 마음은 뭉그적, 몸은 흐느적대는 아쉬움의 시간이다. 하지만 '사부작 꼼지락' 하나씩 챙기다 보면 떠나는 순간도 아름다운 마무리가 된다.

바퀴 두 개짜리 수레는 바퀴의 힘과 끄는 사람의 힘을 한데 모아 잘 이끌어야 똑바로 간다. 힘 조절이 안 되면 비틀비틀하다가 멈추거나 내동댕이쳐지기도 한다. 쏠리다가 쏟아지거나 흩어지는 살림살이를 보고 있으면 내 맘대로 되는 게 없다는 사실에 온몸에 힘을 주고 식은땀을 흘리게 된다. 인생이라는 수레바퀴 또한 여의치가 않다. 운명이라는 바퀴와 에고라는 바퀴, 이 두 가지 힘을 잘 조절하며 가야 한다.

100일 글쓰기가 끝나고 매일 글로 남기던 하루가 사그라지는 것 같은 아쉬운 마음이 들었다. 일주일에 하루만이라도 글을 쓰기로 다짐했다가 그마저도 점점 느슨해갈 때쯤 8·15 광복절이 왔다. 광복光復, 글쓰기로 마음이 다시 밝아지고 싶었다. 해방解放, 글쓰기로 삶의 무게에서 헤어나고 싶었다. 마침 그때 시작된 또 다른 100일 글쓰기 모임이 있었다. 우연이라기엔 너무 절묘한 타이밍으로 지금의 '앤솔러지 프로젝트 100일 글쓰기'를 시작하게 되었다.

작년 '마음챙김 에세이 쓰기'를 통해 만난 글쓰기는 새로운 삶으로 이끄는 실마리가 되었다. 삶에서 자주 길을 잃는 나에게 글은 미로에서 길을 찾아주는 실과도 같았다. 내가 갖고 있던 많은 기억의 구슬을 꿰어 보배로 만들어주는 실이기도 했다. 기억의 저편에서 사라지던 희미한 삶의 편린들이 글쓰기로 되살아났다. 자주 잃어버리던 기억들을 잊지 않기 위해서라도 글을 써서 남겨야 했다.

올해 몸을 쓰며 글을 쓰는 몸과 마음이 교차하는 글쓰기, 그림과 사진으로 콜라주 형식으로 기록을 남기는 글쓰기, 명상과 꿈을 통해 무의식을 써나가는 모닝페이지 쓰기도 도전했다. 한때 운명처럼 찾아왔던 글쓰기였지만, 이제는 나의 한계들과 부딪히며 강렬했던 열정의 시간이 끝나감을 느낀다. 내가 해야 할 이야기들이 덜그럭거린다. 내 안의 장애물과 미숙함으로 멈춰 서는 바퀴 앞에서 숨 고르기를 한다. 엎어지고 쏟아지는 내 생각들, 겨우 방향을 잡고 가던 의문들이 짐처럼 왈칵 쏟아지는 기분이 든다. 글쓰기라는 숲에 들어서 또다시 길을 잃은 기분이다.

글 친구들이 독자가 되어 내 글을 들여다본다. 날카로운 비평보다 속이 빈 내 마음이 보여 얼굴이 달아오른다. 빈 수레가 요란하다. 가진 것 없는 이의 요란한 비명처럼 내 안의 글감은 이리저리 부딪힌다. 마음속 진심에 가닿지 못하고 변죽만 울리고 있다. 하지만 덜커덩거리는 이 시간도 흘러 지나갈 것이다.

내 글을 깊이 읽고 마음속에서 하고픈 말들을 짚어주는 글친구들이 고맙다. 나의 진심을 헤아려주는 친구들 덕분에 다시 글을 쓸 용기를 내어본다. 바퀴는 힘을 주면 곧바로 굴러간다. 오르락내리락, 내가 그리는 마음의 궤적을 바라보는 건 내몫이다. 멈추어서는 시간의 소중함을 알기에 이제 다시 제대로 내 삶과 글을 가꾸는 일만 남았다.

그동안 글쓰기를 하면서 만난 다양한 삶을 들여다본다. 그저 내 자리에서 열심히만 살아온 일상에서 멀어져보니 그동안 내가 붙들고 있던 고정관념과 사고의 한계가 모두 다 드러난다. 인생이라는 바퀴의 정점에 올라앉은 나만을 정상적인 상태라 생각하며 흔들림 없는 삶을 원했다.

중년의 나는 박제된 형상처럼 알맹이를 털어내고, 빈속에 욱여넣은 솜뭉치처럼 무던하게 살아가고 있었다. 공무원으로 살아온 무사안일함이 내 몸에도 스며들어 굳어져가는 느낌이다. 경험치가 쌓일수록 새로운 시도를 할 때 두려움과 외로움이 밀려와 앞으로 나가기가 막막하다. 길 위에서 만나는 고수들처럼 자기 자신에게 무엇이든 허락하고 확신하는 삶이 부러웠다. 그래서 길 위의 삶으로 자꾸만 떠났다.

돌아보니 나도 나름 생존의 고수였다. 포레스트 검프 같은 우연들이 내 인생에도 참 많았다. 평탄했던 삶이었지만, 뉴스

속에서 봤던 장면이 내 삶에서 몇 번이 오고 갔다. 사건과 사고로 죽을 고비도 여러 번 넘겼다. 역대 대통령들과의 인연도 있었다. 영화처럼 모두 다 자기 삶에서는 주연으로 열심히 달려왔을 것이다. 달리는 사람들이 모여 길이 되고 역사는 새롭게 써진다.

    달리는 내 차도 이상하게 구불구불한 좁은 길을 찾아간다. 작년 독립책방을 다니는 여행을 한 탓인지 자꾸만 골목길을 알려준다. 덕분에 시간은 걸리더라도 보지 못했던 풍경들과 장면들을 만난다. 가끔은 이런 낯선 곳에서 우연히 맞이하는 결정적인 순간들이 있었다. 차까지 주인을 따라갈 필요는 없는데, 돌아가거나 엉뚱한 방향으로 가서 허둥지둥하는 모습이 참 나답다고 느낀다.

    아무튼, 자주 드나들었던 독립책방에서 좋은 인연을 맺었다. 마음에 드는 책을 만나 첫눈에 반하는 매력에 빠져들었다. 거기에선 책방지기의 눈썰미에 탄복하며 꼭 책을 사 들고 오게 된다. 딱히 까다롭지 않은 나에게도 보는 눈이 생겼다. 흔하지 않은 이야기를 담담하게 풀어내는 자기를 닮은 이야기가 좋았다.

    글을 쓰다보니 내 삶과 이어지는 글을 찾게 되고, 인상 깊은 문장을 쓰는 작가의 책을 죄다 만나고 싶었다. 몇 차례의 글쓰기가 끝나고 나니, 삼면이 책장인 내 방에 읽고 싶은 책들이 빙 둘러싸고 있었다. 마치 숲속에 온 것처럼, 숲에서 온 책들이 숲 내음을 풍기며 내 곁을 지키고 있다. 내 방에도 파주 종이의 고향처럼 '지지향之乎響'이라는 이름을 붙여준다. 갈짓자로 지탱하며 삶과 글을 쓰는 숲스러운 향기가 내 글에도 묻어나면 좋겠다.

이제 글 쓰는 내가 좋아진다. 쓰고 싶은 것들이 쌓여 있고, 오랫동안 그것들을 바라볼 수 있는 비어 있는 마음이 좋다. 마당을 쓸 듯 마음을 쓴다. 마당의 잔가지를 쓸어내듯, 글을 쓰면서 마음속 자잘한 고민을 걷어낸다. 새들이 잔가지를 모아 둥지를 만들듯, 내 글이 내 삶을 지탱하는 기억의 보금자리가 되기를 바란다.

매일 뭐라도 읽고 적는 일은 한순간을 건져서 그때의 마음을 끌어올려주는 산가지의 괘卦와도 같다. 글쓰기가 아니더라도 좋은 책을 필사하거나 생각들을 적바림하는 것, 나의 기록을 사진과 함께 공유하는 것도 좋다. 이런 습관이 하나둘 쌓여간다면 틀림없이 하루하루 달라진 나를 발견할 수 있을 것 같다.

인생은 언뜻 보면 바퀴처럼 반복되는 것 같지만 조금씩 앞으로 나아간다. 마치 별들의 궤도가 닫힌 원이 아니라 소용돌이 춤을 추고 있는 것처럼 말이다. 나의 삶도 일상을 돌고 있지만 더 멋진 곳을 향하는 여정으로 나서고 있다.

11시

아름다운 때

청정

예술과 여행, 그리고 삶을 사랑한다.
어지간해서는 다 괜찮은 사람이 되고 싶다.

오전 11시, 여행자들이 체크아웃에 여념 없는 시간. 동네 분들은 하나둘 함덕 D리조트 사우나로 모여든다. 나와 남편도 그들 속에 섞여 있다.

나는 목욕탕에 가는 걸 좋아한다. 날이 흐리면 흐린 대로 찌뿌둥한 몸을 지지러 가기 좋고, 날이 좋으면 좋은 대로 시원한 폭포수로 냉수 마찰하기 좋다. 심지어 생일에도 가고 싶은 곳일 정도로 진심이다. 나의 이러한 목욕탕 사랑은 꽤나 오래되었다. 어린 시절부터 엄마 손에 자연스레 이끌려가다 보니 대중탕 문화가 익숙한 데다 좀 커서는 친구들과 찜질방에서 살다시피 했다. 오죽하면 이십대 때 즐겨 찾던 여성 전용 스파 마사지샵 사장님께서 사십대 중반이 된 나를 여태 기억할까.

한데 제주에서는 그 의미가 남다르다. 우선 대중탕에 가자고 하면 늘 손사래를 치며 꼼짝도 하기 싫어하던 남편이 달라졌기 때문이다. 일하러 가거나 꼭 필요한 물건을 사러 가는 걸 제외하곤 별다른 외출이 없는 집돌이 남편. 휴일이면 으레 집 안에만 틀어박혀 그냥 편히 쉬어줘야 한다는 지론으로 소파에 지박령처럼 굴었던 그였다. 그랬던 그가 변하다니. 대체 그 이유가 뭘까. 게다가 여전히 다른 목욕탕은 가기 싫어하는 게 미스터리다. 우리 동네 사우나에는 어떤 비밀이 숨겨져 있는 걸까.

그날그날 날씨와 상황, 신체 컨디션과 기분에 따라 대중없이 때를 달리하여 충동적으로 움직이는 나와는 달리, 그는 규칙적인 행동 패턴을 고수한다. 그런 그와 함께 움직이려면 일정한 시간으로 약속하는 편이 유리하다. 그렇다면 우선 목욕탕 가기 좋은 때를 알아내야 한다. 시간대별 방문 경험 데이터가 필요한 것이다. 지금부터는 남편의 직접적인 개입과 행동이 요구된다.

"일단 가보고 마음에 들지 않으면 샤워만 하고 빨리 나와도 돼요."

"응……"

이른 아침부터 문 닫기 전까지 현장 분위기를 살피기 위한 동행을 반복하던 어느 날, 우리는 평일 오전 11시라는 결괏값을 얻어냈다. 보통 사십대 중년 남성에게 그 시간대란 한참 열심히 일하고 있을 때일 것이다. 그러나 서비스직에 종사 중인 남편은 여느 사무직 회사원들과는 다르게 주로 평일에 쉰다. 그럼 왜 하필 그 시간대일까. 호기심 어린 눈빛으로 그를 깊게 응시하며 진지하게 물었다.

"왜 그때가 좋아요?"

"그때가 제일 붐비지 않아서."

나중에야 알게 된 속사정은 그의 몸에 새겨진 이러저러한 흉터에 사람들의 불편한 시선이 닿는 게 싫었다고 한다. 본인도 직시하기 어려운 헐벗은 몸을 내보이는 게 꺼려져서 최대한 사람들 많은 시간대는 피해 가고 싶었다고.

'그랬구나. 그래서 그때가 좋았구나.'
비로소 그를 오롯이 이해할 수 있었다.

아이들을 동반한 손님이 빠지고 난 후, 너덧 명쯤 있을까 말까 한 남탕을 상상해본다. 아무도 서로를 신경 쓰지 않을 정도의 거리가 주어진 탕 내부. 스스럼없이 각자의 허물을 벗어내기에, 충분한.

누구나 다 때가 있다지 않은가. 그 말에 조금 보태 누구에게나 아름다운 때가 있다고 믿는다. 그때를 만나기 위해 기다리기도 하고, 기억하기 위해 애쓰기도 한다고.

나는 손이 힘에 부치는 날이면 어김없이 세신사 이모님께 쪼르르 달려가곤 한다. 그럼 기다렸다는 듯이 안 아픈 때수건으로 그간 묵은 때를 살살 벗겨준다. 물론 처음에는 합의가 이루어져야 한다. 몇 해 전 이곳에서 지금의 세신사 이모님을 만나게 된 때가 떠오른다. 그 당시 옆자리에 있던 다른 세신사 분께 몸을 맡기며 "저 안 아픈 수건으로 밀어주세요"라고 했다가 육지것이 하영 까탈스럽게 군다며 한바탕 욕지거리를 들었다. 지금은 그저 조금 센 억양의 제주 방언이었겠거니 하고 넘길 수 있는 수준이지만, 그때는 너무 서러워서 울먹이며 지금의 순둥순둥한 이모님께 미주알고주알 하소연했었다.

평일 오전 11시의 쾌적하고 한가로운 남탕과는 달리 북적이는 여탕. 새벽부터 밭일과 물질, 자질구레한 집안일을 해치우거나 아이들을 등교시키고 난 삼춘들이 다양한 돌봄에서 잠시나마 해방되어 시름을 날린다. 초록색 버튼만 꾹 누르면 방울방울 기포가 보글거리며 쉴 새 없이 물줄기를 쏘아주는 안마탕은 한 번에 1~2회만 사용하고, 다음 사람에게 양보해달라는 표지판이 무색하게 늘 눈치 게임 중이다.

그런데도 나는 그 시각에 남편을 따라나선다. 왜냐하면 둘이 손 꼭 잡고 목욕탕 가는 게 거의 유일한 정기 나들이인 셈이기 때문이다. 도민 할인으로 끊는 서른 장의 입장 쿠폰이 마치 서른 번의 데이트를 보장받는 것처럼 여겨진다.

우리는 오가는 내내 일상의 대화를 이어간다. 특히 사우나를 하고 나오는 길에는 미처 하지 못했던 이야기도 이때만큼은 어쩐지 술술 나온다. 평소 말수가 적은 남편도 "오늘은 때 많이 나왔어요"라며 기분 좋음을 내비친다. 그런 남편의 변화가 고맙고 신이 나서 여탕에서 듣고 온 따끈한 동네 소식들을 전한다. 도민 분들의 찰지고도 재미있는 제주 방언을 어설프게 흉내내며 한바탕 웃고 떠든다. 사실 우리는 제주 사회와 느슨하게 연결된 채 살아가는 이주민 부부라 지역과 그다지 큰 접점이 없다. 그리고 각자의 생활도 비교적 별일 없이 무탈한 하루하루를 보내고 있어서 평소 낄낄댈 일이 잘 없는데 목욕탕만 다녀오면 동네 바보들처럼 개그 본능이 깨어난다.

지금 우리 둘의 모습은 영락없이 다 큰 애들이다. 남편이 내게 "철이 없어요"라고 하면 "마그네슘은요?"라고 기꺼이 맞받아치는 수준. 아름다운 제주의 자연 속에서 철들지 않고 이렇게 지내온 지도 벌써 5년 차가 되었다. 항간에 들리는 얘기로는 제주살이가 이즈음이 고비라던데 아무래도 우리는 끄떡없을 것 같다. 지금처럼 다정하게 웃으며 D리조트 사우나를 오가며 살아가는 동안은 말이다.

얼마 전 이직한 남편에게 묻는다.

"당신 쉬는 날, 목욕탕 갈래요?"

낯선 환경에 적응하느라 폭삭 속았수다. 많이 힘들었죠? 정말 애썼어요. 얼른 목욕탕 가서 몸도 마음도, 피로도 기분도 다 풀어버려요.

오늘도 우리는 서로 실없는 농담을 주고받으며, 아이처럼 천진난만하게 웃는다. 무심하던 그가 말랑말랑해지는 것 같다. 하마터면 그냥 지나칠 뻔한 일상의 시시콜콜한 행복과 사랑의 충만함을 느낀다.

나는 여전히 황토방과 게르마늄 방을 넘나들며 삼춘들의 수다를 경청한다. 이따금 고개를 가만히 끄덕이거나 내젓는다. 그러고는 토씨 하나 잊어버릴세라 제주어를 복기 중이다. 그에게 들려주기 위해.

12시

그림자가 사라지면 내가 보인다

기낭

어쩌자고 글쓰기에 마음을 두었는지 폭폭 한숨 쉬기 일쑤지만 결국 단어 하나, 문장 하나를 두고 골똘하고 골몰하기를 좋아한다. 갱년의 열감과 나를 들여다보는 일에 글을 얹어보는 요즘, 조금 더 나다워지는 것 같다.

그림자가 사라졌다. 그림자가 가장 짧아지는 시간, 정오. 특히 여름의 정오는 내 그림자를 발밑에 깊숙이 숨길 수 있는 순간이다. 그림자가 사라진 자리에 오롯이 남은 '나'를 들여다 볼 수 있는 시간. 그러나 정오를 온전히 누리는 일은 쉽지 않다.

초등학교 방과후강사인 나는 방학이 되면 수업 시간이 모두 오전으로 옮겨진다. 오전 수업이 끝나는 12시부터 방학 특강이 시작되는 2시 사이, 붕 떠 있는 두 시간. 그 시간이 바로 내게 찾아오는 짧은 여유다. 학기 중의 12시는 출근 준비로 분주하고 어수선하지만, 방학 동안의 12시는 일과 일 사이에 찾아오는 작고 따뜻한 쉼표 같은 시간이다.

집에 다녀오기엔 시간이 빠듯하고, 혼자 식당에서 밥 먹는 건 용기가 나지 않아 결국 카페를 찾곤 한다. 적당히 눈에 띄지 않는 카페 구석에 자리 잡아 노트북을 펼친다. 이것저것 생각 나는 대로 짧은 문장들을 타이핑하다 보면, 자연스레 나 자신을 향한 문장들과 마주하게 된다.

휘발되다 잡혀온 생각들이 이어지다 끊기다 불거지는, 불규칙하게 경쾌한 소리가 이상하게 좋다.

소리. 나는 소리에 예민한 편이다. 보는 것, 먹는 것, 냄새 맡는 것, 그 어느 것에도 전혀 까탈스럽지 않은 반면 딱 하나,

소리에는 나도 모르게 귀가 쫑긋거리며 정체를 확인하고자 끝없이 레이더를 돌리곤 한다. 특히 규칙적으로 들려오는 소리는 그 박자에 맞춰 편두통이 찾아오거나 한쪽 눈부터 아려오는 부작용이 있다. 그래서 여름날 녹음 방송을 틀고 다니는 트럭 장사가 등장하면 삐쭉 긴장한다. 집 근처 어디에 세워뒀는지 "계란 삽서, 계란. 독새기 삽서, 독새기" 혹은 "수박, 수박, 수박이 왔어요. 참외, 참외, 참외가 왔어요" 같은 방송이 나오면 곧 삿대질이라도 할 듯이 베란다 방충망까지 열어젖히다가 급 소심해져서 언제면 저 트럭이 다른 데로 이동할까만 하염없이 기다리기 일쑤다.

규칙적이라고 하면 불을 다 끄고 누운 방의 시계 초침 소리도 만만치 않다. 피곤해 쓰러지더라도 잠깐 귀에 "째, 깍" 소리가 걸리면 잠이 들지 못한다. 나도 모르는 사이 째, 깍에 맞춰 심장이 몸 밖으로 탈출할 것 같은 위기감에 빠져든다. 욕실 어딘가 수도꼭지가 헐거워졌는지 "또옥, 또옥" 한 방울씩 물이 떨어지는데 귀도 밝지, 그게 또 안방에서도 분명하게 들리는 것이다. 그러면 이제 잠은 다 잔 거다. 눈은 감기는데 머리는 여름 햇빛처럼 쨍, 해지면서 "또옥"과 "또옥" 사이 두 번의 박자를 맞추느라 관자놀이가 욱신되며 온 신경이 깨어난다. 관자놀이의 '욱, 신'과 심장의 '쿵, 쾅'이 서로 엇박자를 내면서 묘하게 규칙성을 만들어내면 참으로 괴로운 지경이 된다.

이렇게 규칙적인 소리에 예민한 나는 순식간에 찾아오는 침묵은 또 참아내질 못한다. 가령 교수님의 갑작스러운 질문에 한순간 강의실이 적막해지면, 마치 산소가 사라지고 이산화탄소만 가슴속에 가득 찬 듯 답답해져 안절부절못한다. 그 침묵과 고요를 깨고 잔잔한 웅성거림이나 소란스러움이 돌아올 때에야 비로소 마음이 편안해진다. 그러다보니 아는 게 없어도 늘 첫번째로 입을 여는 사람은 나였다. 일을 다니면서도 회의 시간의 고요를 견디지 못해 먼저 말을 꺼내고, 사람들과 뭔가를 상의할 때의 짧은 침묵조차 참아내지 못했다. 첫번째 발언자가 되면 일이 늘어나고 책임 또한 무거워진다는 걸 알면서도, 여전히 이 습관은 고치기 어려웠다.

타다다닥 타닥 탁, 기우뚱거리는 문장들을 쓰고는 한참을 들여다본다. 잠시 숨을 고르면서 커피잔과 물컵을 나란히 세운다.

나란히, 나란히라니. 사실 나는 정리를 잘 못하는 사람이다. 살림을 깔끔하게 유지하는 건 나에게 늘 버거운 과제다. 정리를 한다 해도 그 상태가 오래가지 않는다. 그럼에도 이상하게 한 가지만큼은 철저히 지킨다. 내가 시선을 두는 특정 공간만큼은 반듯하게 정리해야 직성이 풀리는 것이다.

도서관 복도를 지나다 삐딱한 액자를 보면 반드시 각을 맞춰야 한다. 카페에서도 작업을 시작하기 전 노트북, 쟁반, 음료잔, 책까지 모든 것을 반듯하게 배열한다. 그야말로 각의 향연이다. 빨래를 널 때도 예외는 없다. 수건은 수건 존, 양말은 양말 존처럼 각자의 구역을 정하고, 그 구역을 벗어나는 순간 내 안에서 작은 갈등이 시작된다. 식당에서는 수저를 감싼 기다란 종이를 그냥 구겨버리지 못하고 딱지 접듯이 접고 접고 접어 딱 네모나게, 음료수 병뚜껑들은 차곡차곡 쌓아 그들만의 자리를 만들어놔야 한다.

소리에 예민하면서도 침묵을 견디지 못하고, 정리를 잘하지 못하면서도 각은 꼭 잡아야 하는 모순덩어리. 그게 바로 나다. 나는 왜 침묵의 시간을 자연스럽게 흘려보내지 못할까. 작은 소리에도 꽁꽁 묶여버리는 나. 책상 위에 각 잡혀 나란히 놓인 휴지와 리모컨, 보조배터리 옆에서 삐딱해진 물건 하나를 왜 그렇게도 눈감아 넘기지 못할까.

이런 강박적인 집착이 도대체 어디에서 오는 것인지 머릿속 주름을 좍좍 펼쳐가며 곰곰이 생각해본다. 그 끝에 떠오르는 유력한 용의자, 불안! 예민함은 불안의 또 다른 얼굴일지도 모른다고, 오래전부터 생각해왔다. 인간이란 본질적으로 불안한 존재라지 않는가. 침묵을 존중하고, 규칙적인 소리는 흘려보내고, 삐딱한 건 내가 고개를 삐딱하게 돌리면 될 일인데, 왜 나는 이렇게 예민할까. 덜 불안한 나로 살기 위해 무엇을, 어떻게 바꿔야 할지 고민은 늘 이어진다.

깜빡, 깜빡, 깜빡. 화면에 깜빡이는 커서를 바라보며 리듬에 맞춰 생각한다. 무엇일까, 무엇일까, 무엇일까. 나의 불안을 덜어주는 것들은 대체 무엇일까.

그 답은 아마도 카페 구석 자리와 글쓰기일지 모른다. 부끄럽다고 여겨왔으면서도 한 번도 거부해본 적 없는 이 행위들이, 내 불안을 살짝 달래주고 있었으리라. 가장 편안한 시간을 꼽으라면 언제나 바쁜 와중에도 '여유롭다'는 감각이 분명하게 스며드는 바로 이 순간이다. 바깥 세상을 훤히 내다볼 수 있는 통창 옆, 그와 동시에 나 혼자만의 시간을 온전히 지킬 수 있는 카페 구석 자리. 그곳에서 비밀을 곱씹듯 설레며 글을 쓸 때 나는 이상하게도 차분해진다. 엄밀히 말하자면, 글을 쓰기보다는 글을 생각하는 일이다.

정오의 글쓰기는 백일하에 내 생각들이 또렷이 드러나는 일이다. 아직 다듬어지지 않은 날것 같은 생각들이 조각조각 흩어져 나오지만, 그 조각 속에서 가장 진실한 나를 마주하게 된다. 일상 속의 나를 뒤로 밀어두고, 글을 쓰는 사람으로서의 나를 들여다보는 시간. 나는 이 순간만큼은 숨기지 않고, 꾸미지 않으며 나 자신에게 정직해질 수 있다.

나를 향한 문장들을 궁굴리다 보면 어느새 세상에도, 나 자신에게도 너그러운 마음 한 줌이 생겨난다. 그 너그러움이 내 불안을 물리치고, 어쩌면 나도 조금은 쓸 만한 사람일지 모른다는 자신감을 심어준다. 세상에 내보낼 문장들은 늘 조심스럽다. 필명을 바꿔가며 나를 숨기듯 글을 쓰는 것은, 그렇게라도 쓰기를 이어가고 싶은 내 나름의 자구책이다.

옆자리와 뒷자리 사람들의 대화를 팔랑팔랑 열린 귀로 흘려들으며, 야금야금 글을 써 내려가는 뿌듯한 한때. 작고 시시한 것들을 애틋한 눈길로 바라볼 줄 아는 사람들 속에서 내 불안은 서서히 멀어진다. 크고 대단한 것들을 묵묵히 떠받치는 조용한 아름다움, 그리고 사소한 것들을 품어주는 따뜻한 여유 속에서 오래 머물고 싶다. 아주 오래도록.

태양이 가장 높고 밝은 시간 정오. 나의 불안을 햇볕에 바싹 널어 말리듯, 글을 쓰며 맑아지는 마음이 정오처럼 높고 밝다. 선형으로 이어지는 문장처럼 단정해지는 나를 만난다.

3

한낮의
사색

문득 거울을 보다가 무표정한 내 얼굴이 너무 낯설게 느껴졌다. 언제부터 나는 이런 표정을 짓고 있었던 걸까. 마지막으로 손뼉을 치며 깔깔 웃던 순간이 언제였는지, 내 귀에 그 웃음소리가 울렸던 때가 언제였는지조차 떠오르지 않았다. 아, 지금 나는 내 삶이 즐겁지 않구나.

13시

애월의 달

배윤정

전갈자리이자 예언자형(INFJ)으로 나무보다 숲이 먼저 보이는 사람. 매일 애조로를 오가며 해와 달을 연모하고, 일상의 숲속에서 자주 길을 잃는 사람. 배달말꽃으로 이야기꽃을 피우고 싶은 사람.

나는 매일 애조로로 출퇴근한다. 애조로는 제주의 서쪽 지역 애월과 동쪽 지역 조천을 이어주는 길이다. 흥미롭게도 이 두 지역의 이름에는 달과 해가 들어 있다. 동쪽에서 달을 보며 출근하고, 서쪽에서 해를 보며 퇴근하는 나의 일상이 가끔은 우주처럼 넓게 확장되는 기분이 든다.

아침 일찍 달을 보며 출근할 때가 많다. 어슴푸레한 여명의 시간은 곧 빛날 시간으로 나를 데려다놓는다. 샛별 옆에 걸쳐진 하얀 달을 보며 두 손을 모은다. 문득문득 떠오르는 모든 이들의 안녕을 비는 것으로 하루를 시작하는 작은 의식을 치른다.

근무지인 애월은 검은 절벽과 바위에 부딪히는 흰 파도로 유명하다. 맑은 날엔 투명한 물빛과 반짝이는 파도가 싱그러움을 더하고, 흐린 날엔 먹빛 하늘과 가로막힌 절벽의 검은빛이 삼엄한 분위기를 자아낸다. 그래서 이곳의 해안로는 사람들이 좋아하는 드라이브 코스이기도 하다. 듣기로 애월이라는 이름은 벼랑崖의 달 혹은 물가涯의 달이라는 의미를 담고 있다고 한다. 그래서인지 애월, 하면 처연하면서도 아름다운 느낌이 든다.

해가 뜬 애월의 한낮, 13시. 옛사람들은 해 주변의 빛나는 고리를 '해갓'이라고 불렀다. 청량한 바닷가 마을의 환한 해갓은 더 찬란하다. 아침잠을 깨우며 애쓴 오전을 보내고, 찬연하기까지 한 이 시간은 하루의 가운데이자 반환점의 끝지점이다. 하지만 오랫동안 나에게 13시는 단지 오후를 버티기 위해 조금 더 오래 쉬는 시간에 불과했다.

제주에서 출산 후 복직한 첫 근무지에서 나는 해야 할 업무가 산더미였고, 빼야 할 살도 그만큼 많았다. 새벽 6시면 버스 정류장으로 향했고, 사무실 문을 가장 먼저 열며 독한 커피로 하루를 시작했다. 그러던 어느 날, 버스에서 내려 한 발을 내디디는 순간, 하늘이 핑 돌았다. 중심을 잃고 길바닥에 쓰러졌고, 속에 있던 모든 것을 쏟아냈다. 겨우 정신을 차리고 건널목을 기어가듯 건너, 다시 버스를 타고 출근했다. 이후 귀 안의 돌이 제자리를 벗어나 균형 감각에 문제가 생기는 이석증이 왔다.

그때부터였을 것이다. 10년간 점심 급식을 먹지 않았다. 점심시간은 그저 '마음에 점을 찍는 시간'이라며 간단하고 소박하게 때우는 것이 습관이 되었다. 시간을 아껴 좀더 오래 쉬려는 마음에 군것질로 끼니를 대신하며 살았다. 그러다보니 몸이 급속도로 나빠졌다. 한때는 급한 마음에 단식을 했고, 또 갑자기 폭식을 반복했다. 그렇게 내 몸은 초승달처럼 가늘어졌다가 보름달처럼 불어나고, 다시 그믐달로 빠졌다 차오르는 달과 같은 몸매가 되어갔다. 끝내는 갱년기의 달덩이 몸매로

최고치를 경신하며 균형을 완전히 잃고 말았다.

돌이켜보면 내 전반 오십 평생은 '일복 덩어리'로 살아온 시간이었다. 가족, 학교, 직장에서 나는 항상 짐을 떠맡고 무리하며 살아왔다. 재밌는 건 그 일복에 돈복은 따라오지도 않았다는 것이다. 돌보지 않고 사는 동안 몸과 마음이 바닥을 쳤다. 하지만 내가 짊어진 짐 덕에 주변 사람들이 조금이라도 편안했다면, 그것으로 만족하려 애썼다.

이제 반환점을 돌아 두번째 바람, 사점死點의 시기를 마주한다. 죽음과 재생이 공존하는 이 시기에, 나는 새로운 시작을 준비하고 있다. 더이상 채우기만 하는 삶이 아닌, 내려놓으며 본래의 균형을 되찾는 삶을 꿈꾼다. 앞으로의 시간은 나를 소진시키지 않는 방식으로 나를 보살피고, 무리하지 않으며 건강하게 살아갈 준비를 하는 시기다.

내 생에 불어온 변화의 바람은 우연히 하게 된 공연 준비에서 시작되었다. 음악 사이로 흘러드는 웃음소리, 서로의 얼굴에서 얼굴로 번지는 미소 그런 것들이 멈춰 있던 삶을 깨웠다. 요즘은 점심시간에 시청각실에서 밴드 연습을 한다. 드라마 〈슬기로운 의사생활〉에 나왔던 밴드 '미도와 파라솔'처럼 박력 넘치게 열정적으로 임한다. 완벽하고 철저한 의사들에게 작은 여유이자 삶의 구심점이 되어주었던 밴드. 내가 하는 방

만한 업무 중 한가운데 시간, 13시라는 중심이 밴드로 옮겨가고 있다. 연습벌레인 동료들의 진지함에 긴장을 타긴 하지만, 이 갑작스러운 생뚱맞은 시간이 슬슬 기다려진다.

이제 악보에 그려진 온음표가 가득 찬 보름달로 보인다. 시원하게 내 목소리를 내지르는 것도 참 오랜만이다. 시청각실에 울리는 생목이 낯뜨거울 때도 있지만, '멋지다'라는 단어를 지금의 나에게 쓰고 싶다. 그동안 '짐 지고, 그늘지고, 눈물 지는' 굴곡진 삶이었지만, 울림이 있는 옹골진 음표들을 만들었다. 그 변화무쌍한 음계는 다양한 변주처럼 멋졌다. 균형을 찾은 내 귓속에는 이제 돌이 아니라 노랫말이 돌아다닌다.

그리고 10년 만에 제대로 된 점심을 먹기 시작했다. 허기고 뭐고 쉼에 갈급했던 급식 시간은 나무에 물을 주듯 나의 생명력을 북돋워주고 활기 있는 시간이 되었다. 오랜만에 얼굴 보며 도란도란 이야기를 나누며 먹는 점심은 듬성해진 관계까지 채워준다. 정성껏 차려주는 건강하고 균형 잡힌 밥상을 그동안 왜 편하게 받지 않았나 싶다.

가끔은 점심 산책을 하며 햇갓에 빛나는 나뭇잎을 바라본다. 지금은 계절도 단풍이 드는 시기다. 단풍은 여름 동안 광합성을 하던 엽록소가 땅속으로 들어가 원래 나뭇잎 색이 나온 것이다. 먹고살기 위해 일하던 나뭇잎이 잠시 쉬는 동안 가장 아름다운 빛깔로 물든다. 내가 가진 빛깔도 단풍처럼 제 빛을 찾아가고 있다. 가르치는 일이 업인 나는 매일 '(마음 밭을) 갈고, (엇자란 가지를) 치는' 부지런한 농부의 마음이 된다. 딱 알맞은 만큼 보살피고 자라나게 하는 일은 신중하고 어려운 일이다. 가르침에 정답이 없기에 불안하고, 그럼에도 정답을 만들어야 하기에 버겁다.

그럼에도 어쩌면 지금 이 시기가 훗날 황금기로 기억될지도 모르겠다. 살짝 힘이 빠져 오히려 여유가 생긴 지금이야말로 단 한 번뿐인 소중한 시간이자 어쩌면 완벽한 날일지 모른다. 아직 오지 않은 날들을 미리부터 불안해할 것 없다. 지금을 있는 그대로 누리고 즐기면 된다.

하루의 대부분을 애월에서 보내기 때문인지 달의 영향을 더 많이 받고 사는 것 같다. 13시에 노래하는 나는 음력을 따르는 마음이 된다. 음력에서 한 해는 13달이다. 그중 윤달은 깍두기 같은 특별한 달이다. 해와 달의 움직임을 조화롭게 관찰하며 음력을 만든 사람들은 융통성 있게 절기와 계절을 운영했다. 그 속에는 배려와 여유가 있었다. 예전엔 개미 같은 삶에 애정을 가졌다면, 이제는 베짱이의 여유로움에 더 마음이 간다.

달처럼 차고 이울며 살아온 나는 더이상 욕망 덩어리가 되지 않으리라 다짐한다. 그리하여 가득 채우기보다는 힘을 빼면서 본래의 고운 빛깔을 찾아가고 싶다. 단풍잎처럼 때가 되면 스스로 떨구고 땅으로 내려앉는 자연스러운 삶처럼 말이다.

애조로를 달리며 YB의 〈흰수염 고래〉를 듣는다. '작은 연못에서 시작된 길, 바다로 바다로 갈 수 있어 좋겠네.' 노래를 듣는데 자꾸 눈물이 난다. 어쩌다가 목이 메기도 한다. 갱년기라는 이름 아래 감정의 파도가 쉼 없이 넘실거린다. 노랫말을 따라 달뜬 얼굴들이 떠오른다. 내가 사랑하는 이들이 더 넓은 세상에서, 무사히 잘 살아갈 수 있길 빌어본다.

주차장에 차를 세웠다가 다시 바닷가로 향한다. 벼랑 끝으로 이어진 길을 달리며 부서지는 파도를 본다. 이 길에 서본 사람은 누구라도 크게 숨을 들이마셨을 것이다. 끝이 보이지 않는 절벽은 사람의 고뇌와 번민을 보잘것없고 사소한 것으로 만들어버리기에 충분하다. 무거운 하늘에 넘실대는 파도가 절벽을 부수고 넘어올 것 같다. 무너지지 않을 것 같은 저 절벽들도 매일 조금씩 부서져 내리고 있을 것이다. 파도가 턱을 넘듯, 파장은 막힌 곳을 넘어 끝내 전달된다. 음파는 내 안의 답답한 장벽을 넘어 마음 깊숙이 파고든다.

노래를 부르며 흘리던 눈물이 바싹 마른 땅처럼 무뎌지던 나를 촉촉하게 적신다. 와닿지 못했던 마음 밭에 고운 씨앗이 심어진다. 언제 싹틀지 모를 것들을 품고 마음을 다독인다. 파도치던 마음이 흩어지고 부서진다. 마음의 일을 하기 위해 일상을 단장하고 가꾼다. 이제 다시 일상으로 돌아갈 준비를 한다.

차를 세우고 길옆 카페에서 커피를 포장해 나온다. 차가운 바람과 쌀쌀한 날씨 때문에 서둘러 사무실에 들어올 동료들을 생각한다. 음악으로 아침을 깨우고 독한 커피로 일상을 견딜 고단함을 생각한다. 나는 혼잣말로 중얼거린다. 오늘 하루도 안온하고 무탈하기를.

절벽의 끝에서 다시 돌아서며, 이 길을 종종 찾아와야겠다고 다짐한다. 오늘, 이 순간 커피 향이 유난히 깊고 그윽하다. 내 곁을 감도는 따뜻한 기운에 마음이 누그러지고 펴진다. 하얀 달빛이 코끝의 향기와 어우러져 나를 감싼다.

얼마 전까지만 해도 가득 찼던 달이 이제 바닷가 마을에 가느다랗게 걸려 있다. 어쩐지 나의 지금과 닮아 있는 것 같다.

14시

대체로 행복합니다

홍진영

2014년 초여름, 10년간의 직장 생활을 접고 제주로 왔다. 소소해 보이지만 로맨틱한 제주의 일상을 가끔 그리고, 자주 찍으며 산다. 북스테이 겸 월간서점 '수민문화'를 운영하며, 5년 전부터 아내의 권유(이자 강제)로 '살림남'이 되었다.

"정말 부러워요. 제가 꿈꾸던 삶을 살고 계시네요. 저도 제주에서 카페 같은 거 하면서 여유롭게 사는 게 꿈이거든요."

한달살이 손님을 맞이하던 날이었다. 서울에서 광고 회사에 다니던 그녀는 번 아웃이 와 회사를 그만두고 잠시 휴식 시간을 갖고 싶었다고 했다. 공간 구석구석을 찬찬히 살피던 그녀의 뺨은 붉게 상기되어 있었다. 하귤나무 가지 사이로 들어온 햇빛이 그녀의 눈동자에 맺혀 반짝였다. 순간 머릿속이 복잡해졌지만 꿈꾸는 자의 기대를 깨면 안 될 것 같았다.

"네, 네에…… 좋지요, 좋아요."

그때의 내 표정이 어땠었는지 정확히 기억나지 않는다. 다만 솔직하지 못한 답이라는 자책감에 슬쩍 눈을 피했던 것 같다. 반짝이던 그녀의 눈동자에 12년 전 내 모습이 겹쳐졌다.

어느 날 평화롭던 회사가 조직개편이라는 칼 바람에 휩싸였다. 사장님을 시작으로 본부장님과 팀장님까지, 언제 자기 차례가 될지 몰라 불안에 떨어야 했다. 아내는 날이 갈수록 피폐해지는 내가 안쓰러웠는지 제주 여행을 권했다. 올레길과 게스트하우스가 인기를 끌며 개별 관광 붐이 일던 시기였다. 제주의 짙푸른 바다를 바라보며 하루 종일 걸었다. 저녁에는 게스트하우스 사람들과 술잔을 기울였다. 처음 만난 이들이었지만 모두가 가슴 한 켠에 고민을 품고 있었기에 쉽게 친해졌다.

제주를 다녀온 뒤 여행의 여운이 바이러스처럼 온몸에 퍼졌다. 1년에 두세 번씩 제주를 찾으며 그리움과 같은 중독 증상은 점점 심해졌고, 틈만 나면 제주 이주와 관련된 온라인 카페를 들락거리며 시간을 보냈다.

친한 후배에게 당시 나의 관심사였던 제주 이야기를 들려주곤 했는데, 녀석은 어느 날 제주에서 살기로 했다며 아내와 함께 회사를 떠났다. 나는 2년 동안 꿈만 꾸었는데, 그에게는 단 몇 주면 되는 것이었다. 새 삶을 찾아 유유히 회사 로비를 빠져나가던 후배를 보며 부러움과 위기의식에 휩싸였다.

'이렇게 살다가는 회사에서 말라죽어버릴 거야. 갈 거면 수민이가 어릴 때 가는 게 낫지 않을까? 일단 아무 데고 취직해서 아껴 쓰면 어떻게든 살아지겠지.'

계속되는 야근으로 만신창이가 된 어느 날, 딸을 안고 수유 중인 아내 앞에 앉았다. 아내 역시 며칠째 밤샘으로 잠을 설쳐 눈밑이 쾡했다.

"우리 제주 가서 살면 안 될까?"

'제주앓이'라는 병이 깊어지면 온몸의 기가 뒤틀려 이성이 마비된다. 처자식은 모르겠고 일단 내가 살고 봐야겠다는 뻔뻔한 남자가 되어버리는 것이다.

"그러자. 한번 살아보는 것도 나쁘지 않을 것 같아. 오빠 말대로 어떻게든 살아지겠지."

그녀의 목소리에는 체념과 희망이 묘하게 뒤섞여 있었다.

순간 가슴이 두근거렸다. 그날 밤, 아내와 노트북을 열어 제주에 있는 집을 찾기 시작했다. 산속 작은 시골집부터 바다가 보이는 아담한 돌집까지 화면 속에는 새로운 삶의 가능성이 펼쳐졌다.

"가시리사무소에서 알려드립니다. 금일 폭염 특보가 발령되었으니 마을 주민들께서는 외부작업을 삼가하시고 충분한 수분을 섭취해 열로 인한 사고가 없도록 주의하여주시기 바랍니다. 다시 한번 알려드립니다……"

폭염특보가 일주일 넘게 이어지고 있다. 워낙 조용한 마을이라 쩌렁쩌렁 울리는 확성기 소리가 '여기 사람 살아요' 하는 인기척처럼 느껴진다. 시간은 12시를 훌쩍 넘기고 2시를 향해 간다. 2시는 민박집 아저씨에게 가장 바쁜 시간이다. 11시에 손님이 나가고 나면 다음 손님을 위해 4시 전까지 모든 세팅을 마쳐야 한다. 오피스텔이나 원룸형 에어비앤비라면 공간이 한정적이라 청소가 쉽지만 우리 집은 독채형 민박이다. 카페와 숙박 공간은 물론이고 마당의 잔디와 정원수들도 손봐줘야 한다.

여름은 오후 2시와 닮았다. 가장 뜨겁고 혈기 왕성한 계절이다. 더위와 장마, 끝도 없이 기어나오는 벌레와 모기, 자고 나면 이만큼씩 자라 있는 풀들까지. 나이 들어갈수록 힘이 달리는 게 느껴지지만 절대 봐주는 법이 없다. 잡초들은 한 해 한

해 영역을 넓혀가더니 잔디밭을 잡초밭으로 만들었다. 아내는 "오빠 너무 걱정 마요. 바짝 깎아놓으면 잔디인지 잡초인지 몰라. 나도 오빠가 말해서 알았어요." 하지만 내 눈에는 속절없이 솟아나오는 흰머리처럼 거슬린다.

2시에 잔디깎기를 하면 그야말로 물아일체를 체험할 수 있다. 옷이 땀에 젖다 못해 몸과 하나가 되어버리는 것이다. 영화배우처럼 멋진 몸이라면 땀에 젖은 티셔츠가 섹시해 보일지도 모르겠다. 그런 몸이 되는 상상을 해본다. 젖은 머리칼을 흔들며 웃통을 벗어젖히는 내 모습. 그러나 사십대 민박집 아저씨의 몸은 그렇지 않다. 배우의 몸은 각고의 노력으로 중력을 거스르지만 나는 그냥 인정해버렸다. 인정하다 못해 놓아버렸다. 영화에서 잔디 깎는 장면을 보고 나도 해보고 싶다고 생각한 적이 있다면 얼른 고개를 저으며 환상에서 깨어나기를. 잔디와 함께하는 것은 영화처럼 낭만적이지 않다.

제주 이주를 꿈꾸는 이들이 가장 많이 생각하는 업종이 카페와 민박일 것이다. 가시리 시골 마을에도 편의점보다 카페가 많을 정도니 그야말로 제주는 카페의 섬이라 할 만하다. 그렇다면 나도 빠질 수 없지 않은가. 민박집 운영과 함께 카페도 키워 일타쌍피, 일석이조의 수입을 창출하는 원대한 계획을 세웠다.

제대로 장비를 갖추려면 몇천만 원이 순식간에 날아가는 게 카페다. 나는 그만한 돈을 알 수 없는 미래에 쓰는 배포 큰 남자가 아니다. 물론 쓸 돈도 없다. 안 좋은 머리를 굴려 생각해낸 것이 핸드드립 전문 카페다. 드립 기구는 아무리 비싸도 돈 백만 원만 있으면 구성이 가능하다. 문제는 '전문 카페'라는 타이틀. 눈치챘겠지만 나는 그다지 전문적인 사람이 아니다. 하지만 뜻이 있으면 길이 있는 법, '전문'을 떼고 '가정식'이란 말을 슬쩍 끼워 넣어 기대치를 낮췄다. '가정식 핸드드립 카페.' 그리 전문적인 느낌은 없지만 뭔가 포근한 감성이 느껴져 좋았다. 좀 서툴러도 가정식이란 말로 이해해줄 것 같았다.

포털 지도에 상호를 등록하고 얼마 안 되어 손님이 나타났다. '오셨다'가 아니라 나타났다고 한 것은 내가 카페를 운영 중이라는 사실을 잊고 있었기 때문이다. 민박 손님이 들어오는 날이라 정신없이 바쁜 시간이었다. 얼굴은 땀에 젖어 번들거리고 고무장갑을 낀 채로 추리닝에 삼선 슬리퍼를 신고 있었다. 얼굴이 벌게서 굽신거리며 사과한 후 옷을 갈아입고 나왔다. 커피를 내리는 손이 벌벌 떨려 물줄기가 파도를 쳤다.

정신없이 첫 손님을 치르고 나니 늘 신경이 쓰였다. 대문이 삐그덕거려도, 차만 한 대 지나가도 다 우리 집 손님 같았다. 언제 올지 모를 손님을 하염없이 기다릴 수도 없고, 결국 '잠시 청소 중이니 전화주세요'라고 메모를 카페 출입구에 붙이고 일했다. 소용없는 일이었다. 청소를 하면서도 신경은 온통 카페에 가 있었다. 민박도 카페도 제대로 하기 힘들었다.

그렇게 이러지도 저러지도 못하며 버티다 봄 성수기를 맞았다. 가시리는 유채꽃 축제가 열리는 지역이라 봄이 가장 바쁘다. 평소엔 많아야 서너 팀이던 카페에 갑자기 손님이 몰려들었다. 작은 카페라 밀려온 손님을 감당할 수 없었다. 하루 종일 서서 드립포트를 돌렸더니 어깨며 허리가 녹아버릴 것 같았다. 영업을 마치고 반쯤 넋이 나간 채로 계산기를 두드려보았다. 극성수기가 15만원, 비수기에는 2~3만원, 손님이 아예 없는 날도 있었다. 재료 원가와 운영비를 빼고 계산해보면 음…… 카페는 정신을 메어놓고 옴짝달싹 못하는 예쁜 감옥. 나는 카페에 가는 걸 좋아하는 거지, 하는 걸 좋아하는 게 아니었다.

뜨겁던 여름날이 지고 옷장에서 긴팔을 꺼내 입었다. 올가을에는 미뤄두었던 데크 페인팅과 방수 작업을 할 계획이다. 잔디를 살리는 건 더이상 희망이 없어 보여 돌 정원을 만드는 쪽으로 생각 중이다.

여행객의 시선에서 바라본 제주와 거주민으로서의 삶에는 온도 차이가 있다. 인생은 멀리서 보면 희극 가까이에서 보면 비극이라고 했잖은가. 그때 꾹 참고 버텼다면 지금까지 회사생활을 하고 있을까. 그랬다면 회사원인 나는 행복할까. 또 모르지, 잘 풀려서 더 좋은 곳으로 이직했을지도. 아니면 만취한 채로 한강 다리 위에 서 있을지도 모른다.

선택에 후회를 남기기 싫다. 희극은 비극이 있어야 존재하는 법. 아니면 여러 번의 비극이 모여야 비로소 희극이 되는 건지도 모르겠다. 다음번 손님이 묻는다면 자신있게 웃으며 행복하다고 말하고 싶다.

"행복해요. 행복합니다. 막 행복해서 죽겠고 그런 건 아니지만, 대체로 행복해요."

그 정도면 됐다. 탕수육도 만날 먹으면 맛있는 줄 모른다. 내일의 탕수육을 위해 오늘은 가지치기를 해야지. '아꼬운' 우리 집을 더 사랑해주어야지.

15시

나와 친해지기

양민희

하루 종일 하늘만 바라보고 있어도 좋을 것 같은 굼벵이 스타일. 좁고 깊게 사귄 사람들과 더 오랜 인연을 맺어가길 원하는 사람. 잘하는 게 무엇인지 모르겠어서 꾸준히 하는 것을 장점으로 그럴듯하게 포장해서 살고 있는 중. 정의가 승리하는 세상을 꿈꾸는 이상가.

드넓은 제주 바다 앞에 선다. 끊임없이 치는 파도를 본다. 아기 속살 같은 보드라운 물거품을 보여주는 날도, 어떻게든 상처를 남기고 싶다는 듯 손톱을 들어 할퀴어대는 날도 언제나 바다에는 파도가 있다. 나는 왜 찬란하게 빛나는 윤슬보다 끊임없이 흔들리고 부서지는 저 파도에 시선이 머무는 걸까.

초등학교 6학년 때 기억이 난다. 담임선생님이 만드는 졸업 기념 문집에 글을 썼다. 졸업문집의 핵심은 학생들 한 명 한 명이 밝히는 〈나의 미래 모습〉이었다. 그 시절 남자아이들의 장래 희망은 과학자, 의사가 주를 이루었고, 대통령이라고 말하는 아이도 한두 명 있었다. 여자아이들은 선생님, 간호사, 변호사가 반 이상을 차지했다. 그중 나와 같은 미래를 꿈꾸는 친구는 단 한 명도 없었다. 내가 적어낸 미래 모습이 '회사원'이었기 때문이다.

의사나 간호사처럼 누군가의 생명을 좌우하지 않고, 과학자처럼 미지의 영역을 개척하는 험난한 도전을 감수하지도 않으며, 변호사처럼 누군가의 인생을 결정짓는 막중한 책임을 지지 않는 직업. 나는 내가 내린 결정이 타인에게 큰 영향을 끼치지 않기를 바랐다. 당시 알고 있던 몇 안 되는 직업 중 회사원을 장래 희망으로 고른 것은 그런 내 마음의 반영이었다.

미성년의 껍질을 벗고 마주한 세상은 마치 언어가 전혀 통하지 않는 낯선 외국 땅 같았다. 방향조차 알 수 없는 곳에 서 있는 이방인처럼 느껴졌다. 세상은 늘 최고만을 찬양했고, 가만히 있는 사람을 질책하듯 빠르게 변화하며 또 다른 최고를 찾아냈다. 무엇이든 남들보다 잘하고 그 성과를 자랑해야 하는 것이 미덕으로 여겨지는 현실에서, 나는 남을 짓밟고 올라가는 것도, 더 잘하려고 발버둥 치는 삶도 싫었다. 그러나 그런 태도는 실패자의 변명으로 치부되기 일쑤였다. 나는 세상의 속도를 따라가지 못한 채 어딘가 불안정한 상태에서 끝없는 멀미를 앓고 있었다.

성인이 된 이상 그저 머뭇거리며 멈춰 있을 수만은 없었다. 그럼에도 무작정 뛰어들 용기를 내지 못한 건, 안정을 원하는 본능 때문이었다. 도전하지 않으면 후회할 거라 스스로를 다그쳐봤지만, 실패의 두려움은 그림자처럼 따라붙었다. 컵에 담긴 물을 볼 때마다 나는 늘 "이제 반밖에 남지 않았다"고 생각하는 쪽이었다. 걱정은 늘 긍정보다 앞섰고, 실패의 그림자는 내 본능처럼 따라붙었다. 겁이 많았고, 그 본능을 이겨낼 용기도 없었다. 어쩌면 나는, 실패를 감당할 마음조차 갖지 못했던 것이다.

나는 늘 돌다리를 두드리고 또 두드렸다. 발로 조심스럽게 건드려보며 안전하다는 확신이 들 때에만 발을 내디뎠다. 굴곡 없는 수평선처럼 이어지는 길만을 택해온 나의 삶. 고백건대 그것이 내 선택이자, 나를 보호하는 방식이었다.

문득 거울을 보다가 무표정한 내 얼굴이 너무 낯설게 느껴졌다. 언제부터 나는 이런 표정을 짓고 있었던 걸까. 얼굴 근육을 움직여 다른 표정을 지어보려 했지만, 그조차 어색하고 불편했다. 마지막으로 손뼉을 치며 깔깔 웃던 순간이 언제였는지, 내 귀에 그 웃음소리가 울렸던 때가 언제였는지조차 떠오르지 않았다. 아, 지금 나는 내 삶이 즐겁지 않구나.

어느새 마음 한구석에 작은 틈이 생기더니, 그 틈새로 허무함이라는 물줄기가 서서히 흘러들기 시작했다. 하루하루 나에게 주어진 역할을 성실히 해내며 열심히 살아왔다고 믿었는데, 왜 내 손에 남아 있는 건 아무것도 없는 것처럼 느껴질까. 지금 돌아본 내 삶의 궤적은 왜 희미하고 흐릿하기만 할까. 특별해지려고 애쓴 적은 없었지만, 하루하루를 성실히 살아가다 보면 자연스레 내 삶이 어떤 형태를 갖추거나 고유한 빛깔을 드러낼 거라 믿어왔다. 하지만 지금의 내 인생은 여전히 회색 구름 속에 감춰진 채, 흐릿한 모자이크처럼 그 어떤 이름도 붙일 수 없는 상태에 머물러 있는 듯했다.

특별히 이루고 싶은 목표를 향해 한없이 달려본 적은 없지만, 그렇다고 세상에서 튕겨나 혼자 있고 싶었던 것도 아니다. 이 모순이 내 안에는 늘 존재했다. 안정만을 바라는 본능과, 세상에서 의미 있는 무언가를 해야 한다는 이성 사이에서 늘 갈등했다. '그러다 실패하면?'이라고 본능이 다시 물으면 나는 멈칫하고 한 걸음 더 나아갈 수가 없었다. 그것은 내 마음속에 무한 반복 재생되는 음성 같았다. 가만히 있으면 불안이 밀려왔다. 이렇게 아무것도 하지 않고 시간을 보내도 되는지, 시간을 낭비하고 있는 건 아닌지 하는 생각에 한없이 죄책감이 들었다. 하지만 딱히 하고 싶은 일이 없는데 지금 당장 무엇을 해야 하는지, 답이 없는 질문만이 머릿속에 쌓여갔다. 움직이고 싶은 마음도 없으면서 움직이지 않는 스스로를 비난하는 내가 싫었다.

생각해보면 나는 내 삶을 오롯이 책임지는 일이 너무 두려웠던 것 같다. 끝이 보이지 않는 인생길에서 신호등도 표지판도 없이, 언제 쉬어야 하는지 어느 때 무엇을 미리 대비해야 하는지 알 수 없어 무서웠다. 내가 무엇을 좋아하고 무엇을 싫어하는지, 여러 개의 갈림길 앞에서 내가 고른 길이 가장 나은 선택인지 한없이 고민하는 일. 그 결정에 책임을 지는 어른의 삶이 무서워서 그리도 세상에 적응하지 못하고 있던 것이었다. 어디로 가는지도 모른 채 퇴근길 사람들 무리가 움직이는 대로 휩쓸려가는 느낌. 나의 방향과 목표지점은 보이지 않고 그 길의 끝에 나의 목표가 있었는지도 모르겠지만 한없이 어딘가로 떠밀려가는 느낌을 계속 안고 살았다.

어쩌면 아무 계획도 없이 훌쩍 제주로 일년살이를 떠나온 것은 내 인생이 흘러갈 방향을 찾고자 하는 무의식의 명령이었을지도 모르겠다.

　오후 3시가 되면 정수리 위에서 나를 바짝바짝 굽는 듯하던 정오의 해가 조금 기울어 있다. 이 시간이 되면 근처 오름에 오른다. 반짝이는 햇살 아래 빛나는 초록의 숨소리가 들린다. 사람의 손에 잘리고, 잘렸을지언정 새 줄기를 내밀어 결국엔 살아남은 나무의 맹아를 본다. 한때 새싹이라 불렸을 시절을 까마득히 잊어버렸을 것만 같은 무성한 나무부터, 어쩌면 제 생의 반 이상이 지나버렸을지도 모를 한해살이풀들이 뒤엉켜 있는 모습이 어지러이 어울린다. 비가 오나 눈이 오나 외부의 자극과 관계없이 자신 안에 내재되어 있는 고유한 속도에 맞춰 시간의 흐름을 받아들이는 나무들. 자신보다 더 큰 나무가 그늘을 만들어 햇볕을 가리면 자기 몸을 휘어지게 해서라도 오늘을 살아내는 나무들이 거기에 있다. 무심히 지나가는 누군가의 시선이 닿든 아니든, 그저 그 자리에 있다.
　이제 나도 나무가 되어보기로 한다.
　나에게 가장 필요했던 것은 나를 있는 그대로 받아들이기였기에 그것부터 시작해봐야지. 거울 속의 나와 눈을 맞추고 나의 이름을 소리내어 불러본다.
　나에게 손가락질하고 모진 잣대를 들이댄 건 오로지 나 자신일 뿐이었다. 나에게 무엇이 되라 재촉하지 말고, 무엇이 되지 못했다고 실망하지도 않기로 한다. 애써 무엇이 되려고 하지 말고, 생각이 바뀌어서 무엇이 되고 싶다면 또 그렇게 살면 되는 거다. 이 순간 무엇을 정하려고 하지 말고 살아지는 대로 살아가도 좋다. 그러다 나를 불태우고 싶을 만큼 마음을 사로잡는 일이 나타난다면, 나는 기꺼이 불꽃이 되어주리라. 그 시간이 빨리 오지 않는다고 조바심의 연기에 질식되지 말자.

어느 통계에 따르면 하루 중 사람들의 스트레스와 피로가 정점에 달하는 시간이 오후 3시라고 한다. 인생을 하루 24시간에 빗대어본다면 아마 나는 지금 오후 3시쯤에 서 있는 게 아닐까 싶다. 지금까지의 삶에 만족하지 못한 나에게 앞으로의 시간 동안 해야 할 일은 나와 친해지는 것이다.

시간은 반드시 흐르고 그 끝에 후회와 아쉬움으로 뒤덮인 밤을 맞이하고 싶지 않기에 아직 남은 오후 시간을 나와 알차게 놀아보기로 마음먹는다. 평생의 동반자이자, 친구이며, 나를 온전히 이해해줄 수 있는 나에게 더이상 다그침이 아닌 사랑의 눈길과 응원의 말을 건네며, 우리가 가장 친한 사이가 될 수 있기를 기도해본다.

16시

안녕, 4시

말로장생

듣지 못해 말을 잃어버린 이들의 이야기를 손으로 전하는 일을 열일곱 살 때부터 지금까지 하고 있다. 항상 나의 말은 뒤에 서 있었다. 먼저 나의 말을 전하고 싶어 글을 쓴다. 수많은 역할들 속에서 경계가 모호해진 나를 찾는 마음이 글이 되었다. 늙지 않는 말로 오래도록 글을 쓰고 싶다. 오늘도 꿈의 거처가 될 완벽한 19호실을 항해하는 중이다.

나는 성당 앞 정원에 놓인 오래된 나무 벤치에 앉아 있었다. 벤치는 세월의 흔적을 품고 있었다. 곳곳이 닳고 페인트가 벗겨져 나무 본연의 색이 드러난 모습이 정겨웠다. 비바람에 마모된 표면은 거칠었지만, 오래된 것만이 줄 수 있는 안락함이 느껴졌다.

눈앞에 펼쳐진 잔디밭 너머로 작고 소박한 성당이 보였다. 성당은 주변의 푸른 나무들과 어우러져 평화로운 풍경을 만들어내고 있었다. 바람이 불 때마다 나뭇가지가 살랑거리며 잔디 위에 그림자를 드리웠다. 마치 시간이 멈춘 듯한 정적이 주변을 감싸고 있었다.

한낮의 푸르름과 풀 냄새, 흙 냄새 등이 섞여 빚어낸 묘한 고독감 속에서 나는 아무 말도 하지 않은 채 가만 앉아 있었다. 그때였다. 내 손을 떠나 벤치 위에 던져져 있던 핸드폰이 진동하며 소리를 냈다.

띠링.

낯선 소리가 이 평화로운 공간에 이질감을 주었다. 나는 고개를 숙여 핸드폰을 집어 들었다. 화면에는 새 문자가 도착했음을 알리는 알림이 떠 있었다. 문자 아이콘 위의 숫자 '1'이 유난히 선명했다. 문자를 확인하려다 문득 생각했다. 내가 마지막으로 문자를 받아본 것이 언제였더라?

'오랜만이야. 우리 항상 만났던 거기서 일요일 4시에 만날

수 있어?'

그녀였다. 내 인생의 구원자였고 한때 나의 전부였던 사람. 그녀는 언제나 환한 미소로 날 안아주었다. 해피엔딩일 거라 믿었던 7년의 연애는 어느 날 그녀의 단 한마디로 끝이 났다. "우리 헤어지자." 이유조차 듣지 못한 채, 나는 혼자가 되었고, 3년이 넘도록 그녀의 부재에 익숙해지지 못했다. 그런 그녀가 갑자기 나를 만나자고 한 것이었다.

순간 억누를 수 없는 분노가 치밀었다. 그렇게 떠나놓고, 이제 와서 갑자기 만나자고? 하지만 동시에 머릿속에 작은 쇠망치로 맞은 듯한 혼란이 일었다. 4시? 처음 듣는 생소한 단어처럼 낯설었다. 머릿속에서 4시라는 시간이 그려지지 않았다.

나는 4시를 지워버린 사람이다. 누구에게도 설명할 수 없고, 이해받을 수도 없을 것이다. 하지만 사실이다. 그 시간은 단순한 숫자가 아니었다. 우리의 모든 시작이 4시에서 비롯되었다. 첫 데이트도, 깊은 대화도, 때로는 격렬한 다툼조차도 늘 4시를 기점으로 이루어졌다. 4시는 우리만의 시간이었고, 함께 만든 추억들이 응축된 상징이었다. 그러나 이별과 함께 그 시간은 고통으로 변했다.

4시가 주는 무게를 견딜 수 없던 나는 그것을 잊기로 결심했다. 시간을 쪼개고 일정을 조정하며 내 삶에서 4시를 밀어냈다. 일부러 바쁜 척하며 시계가 4시를 가리킬 때마다 눈길을 돌렸다. 그런 노력 끝에, 어느 순간 나는 4시를 인지하지 않게 되었다. 기억 속에서 흐릿해진 그녀의 모습처럼, 그 시간도 서서히 내 하루에서 사라졌다.

이제 365일 내내 걸려 있는 검은 테두리의 벽시계에도 4시는 존재하지 않는다. 시간은 3시 59분 59초에서 5시 00분 01초로 자연스레 넘어간다. 핸드폰 시계마저도 그렇다. 나는 모든 약속과 일정을 오후 3시나 5시로 맞추었다. 그리고 네 시가 되면 기억이 사라지듯 나 자신도 세상에서 사라지는 듯했다. 4시가 없는 하루는 무언가 비어 있는 듯했지만, 적어도 상처를 들추는 일은 없었다. 그렇게 나는 4시를 지웠고, 그것이 내가 선택한 치유의 방식이었다.

그렇다고 해서 그녀가 그립지 않았던 건 아니었다. 오히려 4시를 지운 그 자리에 그녀의 흔적이 더 선명하게 남았다. 사람들은 상처를 치유하려면 잊으라고 말하지만, 잊으려고 할수록 그녀와의 순간들이 자꾸 떠올랐다. 마치 없애버린 4시가 내 하루의 빈틈을 더 크게 만들어버린 것처럼.

시간을 지워도 기억은 지워지지 않았다. 첫눈이 내리던 날, 4시의 공원에서 웃으며 내 손을 잡던 그녀. 면접에서 떨어져 풀이 죽은 나를 안아주며 괜찮다고 말하던 그녀. 심지어 사소한 다툼 뒤에 나를 기다리며 고개를 숙였던 모습까지. 그 모든 기억이 4시라는 시간 안에 갇혀 있었다.

언젠가 그녀가 내게 물었었다. 행복이 뭐냐고. 그때 나는 대답하지 못했지만, 지금 생각해보면 그녀와 함께했던 4시가 바로 행복이었다. 내가 그 행복을 견디지 못해 도망쳤던 거다. 그녀와의 이별을 핑계 삼아, 사실은 나 자신과의 싸움에서 진 것이었다.

그리고 이제 문득 깨달았다. 4시를 되찾지 못하면 그녀를 만날 수 없다는 것을. 그 시간 속의 나를 직면하지 않고서는 그녀와의 모든 기억도, 그리움도 풀리지 않는다는 걸. 그래서 나는 결심했다. 무너졌던 4시의 문을 다시 열어, 그 안에 묻어둔 나를 찾겠다고. 그녀를 만나기 위해서라도, 아니, 나 자신을 만나기 위해서라도.

나는 책상 앞에 앉아 지난 시간을 되짚기 시작했다. 12시 점심시간은 늘 즐거웠고, 1시에는 쓴 커피를 마시며 긴장했지. 2시에는 미팅이 있었고, 5시에는 하루를 정리했어. 4시에는…… 하지만 그 시간만은 도무지 떠오르지 않았다. 회피하고, 묻어두고, 밀어내려 했던 시간. 4시는 내가 잊고 싶어 했던 모든 것의 중심이었다.

오후 4시. 그 시간에 나는 무엇을 했었지? 아무리 떠올리려 해도 기억이 뚝 끊긴 것처럼 사라져 있었다. 무의미하다고 단정했던 그 시간을, 그래서 기억조차 두지 않았던 그 순간들을 이제 와 미안해하고 있는 나 자신이 낯설었다. 그 시간에 대한 예의를 차리지 못한 죄책감이 가슴 깊은 곳에서 밀려오자, 고여 있던 눈물이 흘러내렸다. 나는 애써 회피하며, 스스로를 속이며 살아왔던 것이다.

늘 경계에 서 있던 나였다. 중심에 서지 못하고 어디에서나 배경이 되어버리는 삶. 나는 딱 그런 사람이었다. "살려면 떵떵거리며 살아야 한다"며 돈이 전부라고 여겼고, 그 믿음을 위해 끊임없이 나 자신을 몰아붙였다. 속물근성을 들키지 않으려 애썼고, 가난은 게으름의 결과라고 단정 지었다. 수레바퀴처럼 쳇바퀴를 돌리며 나아가는 척했지만, 결국 늘 제자리였다.

그 와중에 스스로를 정의의 사도라도 되는 양 치장하며 일장연설을 늘어놓기도 했다. 삶이 특별해지기를 원하면서도, 특이하다는 시선은 견딜 수 없었다. 나는 평범함과 특별함 사이에서 끊임없이 방황했고, 점차 도대체 나는 누구인지, 어디서 왔으며 무엇을 위해 살아가는지 알 수 없게 되었다. 그러다 마침내 나 자신을 탐구하기를 포기했다.

목 끝까지 가쁜 숨이 차오르더니 고여 있던 눈물이 줄줄 흘러내렸다. 내가 나를 알아주지 못했던 것. 그것이 미안했고, 그것이 너무나 안쓰러웠다. 육체는 여기에 있지만 영혼은 어디론가 떠나버린 것 같았다. 텅 빈 마음 속에서 나는 그녀가 아닌, 나를 잃어버린 공허함을 느꼈다. 그리고 그 공허함은 다시 4시를 찾아가야만 채워질 수 있다는 것을 깨달았다.

사라진 4시를 처음 자각했던 작은 성당으로 다시 돌아왔다. 제주를 품은 바다가 발아래 펼쳐진 언덕 위의 고풍스러운 작은 성당이었다. 내 안의 간절함과 순수함을 찾고 싶을 때 발걸음은 자연스레 이곳을 향했었다. 일종의 회귀 본능 같았다. 그래서였을까. 왠지 여기서는 분명 단서를 찾을 수 있을 것 같았다. 핸드폰을 눈앞으로 가져와 지금 시간을 확인했다. 수요일 오후 3시였다. 이제부터라도 오후 4시를 환대하기 위한 마음을 갖기로 다짐했다.

10월에 들어선 하늘에는 진파랑 물감이 빼곡히 칠해져 있었다. 유난히도 비를 많이 뿌렸던 장마를 거둬낸 하늘을 두 눈에 가득 오래 담고 싶었다. 잠깐만 눈을 들어올리면 마주할 수 있는 놀라운 풍경화였다. 이 땅을 내 두 발로 딛고 있다는 사실에 감동의 전율이 온몸을 휘몰고 갔다. 현실이지만 현실과 동떨어진 듯한 짜릿함은 충분히 황홀했다. 하늘을 향해 있던 내 두 눈에 오후의 강한 빛이 따라붙었다. 순식간에 뿌연 안개가 꼈고, 쓰린 통증에 맑은 눈물이 볼을 타고 내렸다. 오히려 좋았다. 볼을 굳이 꼬집지 않아도 꿈이 아닌 현실이라는 걸 알려주었다.

목요일은 가벼운 물기를 머금은 바람과 울퉁불퉁 입체적인 구름이 흘렀다. 성전 주변에 꽃장식으로 둘러싸인 성모상이 두 팔을 벌린 채 미소로 반겼다. 그 뒤로는 원래는 흰색이었을 벽엔 알 수 없지만, 성스러워 보이는 그림이 그려져 있었다.

금요일은 회색 구름이 하늘을 덮어버렸고, 비를 만들어 바닥을 적셨다. 작은 성당의 울타리를 걸으며 언제부터 있었는지 알 수 없는 나무와 풀, 꽃들을 구석, 구석 다가가보았다. 어둠이 주는 신비로움이 깔렸고, 익숙함과 새로움이 교차하는 것이 꽤 상쾌하고 살짝 들뜨기도 했다. 날씨 때문인지 고요하다 못해 무섭기까지 한 어두운 성전으로 들어가보았다. 그러곤 성전 중앙 길을 걷다가 장궤에 무릎을 꿇고 정면에 크게 걸린 십자가를 향해 두 손을 모았다.

잃어버린, 아니 제가 없애버린 시간을 찾아주세요. 입 밖으로는 내지 못한 채 마음속으로만 빌었다. 성전 밖으로 나와 고개를 올리자 탐스러운 구름이 내 품에 들어올 것 같아 팔을 휘젓고 있는 날 발견했다. 그런 의식의 날들이 이어졌다.

마침내 일요일 오후 3시 59분. 나는 여전히 4시의 행방을 찾지 못한 채, 오래된 성당의 벤치에 앉아 있었다. 문득 가슴 깊은 곳에서부터 자괴감이 차올랐다. 이제 와서 4시를 찾는 게 무슨 의미가 있단 말인가. 이미 잃어버린 시간인데, 그것을 회복하려 애쓰는 나 자신이 어리석게 느껴졌다. 속으로는 이미 모든 걸 포기했으면서, 마치 희망이 있는 척 꾸며내는 나를 더 이상 견딜 수 없었다.

머릿속이 엉망이었다. 애써 이곳에 와 있으면서도, 여전히 어디에도 속하지 못한 기분이었다. 벤치 아래로 떨어진 내 그림자는 고개를 숙인 채 바닥에 붙어 있었다. 정말 한심해. 속으로 그렇게 중얼거리며 그만 일어나려는 순간이었다. 성당 꼭대기에서 은은하고 묵직한 종소리가 울려퍼졌다.

딩, 딩, 딩, 딩.

4시였다. 분명 4시 미사를 알리는 종소리였다. 매일 같은 자리에서 울렸을 종소리였지만, 나는 이제야 그 소리를 처음 듣는 듯이 온전히 받아들이고 있는 것이었다. 종소리가 나를 타종하듯 내 안에서 다시 울렸다. 주머니 깊숙이 넣어둔 핸드폰을 꺼내 화면을 터치했다. 검은 바탕 위에 선명히 빛나는 숫자 16:00. 그 숫자가 눈앞에서 반짝이는 순간, 심장이 두근거리기 시작했다.

그때였다. 그림자 하나가 불쑥 다가오며 내 시야를 가렸다. 깜짝 놀라 몸을 뒤로 뺐다. 온몸에 소름이 돋았다. 그림자의 흐름을 따라 천천히 시선을 올리자, 그곳에는 그녀가 서 있었다.

너무 놀라 얼어붙은 나를 보며 그녀는 조용히 입을 열었다.

"진짜 너의 시간을 찾았구나."

그녀의 목소리는 담담했지만, 그 안에 어딘가 모를 안도와 아픔이 뒤섞여 있었다.

"그때 나는, 자기 자신도 사랑하지 못하는 너를 사랑할 수 없었어. 미안해. 믿을 수 없겠지만⋯⋯ 난 네 곁에 계속 있었어. 이곳에서, 네가 나를 찾을 때까지 숨죽이며 기다렸어. 너 밖에 없는 그림자처럼."

그녀의 말에 내 안에 묻어두었던 기억들이 비처럼 쏟아졌다. 나는 주저하며 오른손을 내밀었다. 그러자 그녀는 부드러운 미소를 지으며 내 손을 잡았다. 그 순간 무채색으로만 보였던 내 세상이 환하게 빛나기 시작했다.

언젠가 나는 그녀에게 물었던 적이 있다. 너에게 행복은 뭐냐고. 그녀는 가장 좋아하는 책의 한 구절이라며 이렇게 답했다.

"만약 네가 오후 4시에 온다면, 난 3시부터 행복해질 거야. 네가 오는 시간이 가까워질수록 나는 더 행복해지겠지. 4시가 되면 나는 너무 흥분해서 안절부절못할 거야. 그리고 나는 행복이 얼마나 소중한지 깨닫게 될 거야."

이제 나는 그 말을 이해할 수 있다. 4시는 단순한 시간이 아니었다. 내 삶의 중심이자, 잃어버렸던 나 자신을 되찾는 약속의 순간이었다. 나는 그녀의 손을 꼭 잡으며 속삭였다.

"4시가 나에게 다시 돌아왔어."

그녀는 미소 지으며 고개를 끄덕였다. 4시는 결국 내 안에 항상 있었던 것이었다. 그리고 지금, 나는 비로소 나 자신과, 그녀와, 이 시간과 온전히 하나가 되었다.

17시

레드선, 구남동

홍진영

2014년 초여름, 10년간의 직장 생활을 접고 제주로 왔다. 소소해 보이지만 로맨틱한 제주의 일상을 가끔 그리고, 자주 찍으며 산다. 북스테이 겸 월간서점 '수민문화'를 운영하며, 5년 전부터 아내의 권유(이자 강제)로 '살림남'이 되었다.

온종일 내리쬔 햇볕으로 펄펄 끓는 아스팔트를 따라 한 남자가 위태롭게 걷는다. 아지랑이로 일그러진 보도블록을 보며 휘청거리던 그는 축 늘어진 배낭과 눌러쓴 모자 아래에서 축축한 땀에 젖어 있다. 걸음걸이가 무거워질수록 뭔지 모를 혼잣말이 그의 입술 사이로 흘러나온다.

그때 튀어나온 보도블록에 발이 걸리며 중심을 잃는 순간, 서늘한 바람이 그의 뺨을 스친다. 바로 앞 유리문이 열리며 냉기가 새어나오고 있다. 그는 본능적으로 그 안으로 들어선다. 공간을 가득 메운 묵직한 커피 향이 남자를 감싼다. 코끝에 스치는 달콤한 캐러멜 향에 잠시 멈춰 서던 그는 이내 마른 입술을 축이며 안도의 한숨을 쉰다.

"어서 오세요."

단정한 차림의 여인이 환하게 미소 짓는다. 순간 그는 돌아가신 할머니를 떠올린다. 손주를 끔찍이 아껴주시던 모습이 겹쳐 보인다. 하지만 금세 현실로 돌아와 소파에 몸을 푹 파묻는다. 주문한 커피가 나오고, 얼음과 섞여 옅어진 갈색 액체를 바라보며 한 모금 마실 때마다 붉었던 얼굴빛이 차츰 가라앉는다. 모자를 벗으니 젖은 머리칼 위로 도로 위에서 봤던 아지랑이처럼 김이 피어오른다.

'돈 몇 푼 아끼려다가 진짜 큰일 날 뻔했네.'

그는 스스로를 다독이며 속으로 되뇐다.

'그래, 이 한 시간은 나에게 주는 선물이라고 생각하자. 열심히 살았잖아. 이 정도는 괜찮아.'

무심코 속마음을 입 밖으로 내뱉을 뻔한 그는 주변을 둘러보며 다시 조용히 마음을 다잡는다. 우드톤의 따뜻한 인테리어가 눈에 들어온다. 바 테이블에선 노련한 손길의 바리스타가 드립포트를 돌리고 있다. 물줄기를 따라 부풀었다 가라앉기를 반복하는 원두가루는 마치 연애를 시작한 연인이 서투르게 밀고 당기며 탐색하는 모습처럼 보인다.

창가 쪽 테이블에서는 중년의 남자들이 노트북을 펼쳐놓고 에너지 클러스터 이야기를 나누고 있고, 그 옆에서는 세련된 정장을 입은 여성이 보험 상품을 열정적으로 설명하고 있다. 그녀의 열띤 설명에도 상대는 살짝 지친 표정으로 대파가 삐져나온 장바구니를 힐끔 쳐다보며 생각에 잠겨 있다. 한쪽에서는 교복을 입은 여고생들이 팥빙수를 나눠 먹으며 종달새처럼 웃고 떠든다. 햇살이 창 너머로 들어와 소녀들의 옆얼굴에 반짝이는 흰빛을 더한다.

'5시의 사람들은 이렇게 사는구나. 여기선 뜨거운 태양빛도 낭만적으로 보이네.'

남자는 커피를 꿀꺽 삼킨다. 목구멍을 타고 내려가는 차가운 액체가 짜릿한 자극을 일으킨다.

'살아있다. 산다는 건 좋은 거야.'

그의 얼굴에 티베트 승려 같은 편안한 미소가 번진다.

그는 과거를 떠올린다. 결혼 전, 그는 연애 중이던 아내에게 진짜 맛있는 곳에 데려가주겠다며 당당히 김밥천국으로 이끌었다. 아내는 말없이 김치찌개를 떠먹으며 어색한 미소를 지었다. 몇 년 후, 아내는 그날의 이야기를 딸에게 폭로했다.

"아빠가 맛있는 거 사준다고 하더니 참치 김치찌개 사줬어. 그런데 자기는 레스토랑에서 돈가스 얻어먹었지 뭐야."

그 이야기는 딸의 단골 놀림 소재가 되었다. "아빠, 그때 왜 그랬어? 돈가스 얻어먹고 왜 김치찌개 사줬어?"라고 계속 물어댔다. 억울했지만 당시 그 김치찌개는 그에게 정말 특별한 음식이었다.

그는 한때 잘나가는 디자이너로 일하며 점심시간마다 아메리카노를 홀짝이던 시절이 있었다. 야근이 많았지만, 매달 월급이 들어오던 안정감은 그를 버티게 했다. 하지만 제주로 이주해 웨딩 스냅작가로 자리 잡으려던 찰나, 코로나가 모든 걸 무너뜨렸다. 카메라를 팔고 드레스를 처분하며 생활비를 마련하던 날들. 자신감은 수입과 비례했다.

하지만 지금, 그는 일주일에 딱 두 번, 딸의 영어 과외 시간 동안 누릴 수 있는 이 한 시간의 사치를 소중히 여긴다. 그가 남긴 발자취는 구남동의 작은 골목길 곳곳에 기록된다. 자신만의 카페 지도를 만들며 오늘의 한 시간도 여기에 더한다.

시계가 6시 20분을 향할 때, 그는 딸을 데리러 나선다. 문을 벌컥 열며 아빠를 놀래키는 딸의 장난이 익숙하지만, 여전히 새롭다. 퇴근 차량 행렬을 거슬러 집으로 향하며 그는 오늘 저녁을 떠올린다. 애호박과 대파, 두부 한 모로 끓일 된장찌개.

'아내는 내 된장찌개 맛을 못 따라온다고 했지. 기분 좋은 칭찬이야.'

따뜻한 저녁 식탁을 상상하며 그는 미소 짓는다.

'자, 내일은 어느 카페를 가볼까나.'

구남동에서의 또 다른 한 시간이 기대된다.

18시

이제 어둠에 스며들어볼까

전근아

바람을 좋아한다. 아마 제주에 오래 살 수 있었고 또 제주에서 늙어가고 싶은 건 그 때문인 것 같다. 오늘도 창문을 열어 바람을 쥐어본다. 말랑한 연둣빛 바람에 마음은 이미 숲이다.

어둠이 내리자 별이 뜨고 달이 오른다. 성당의 저녁 종소리가 울려 퍼지며 첨탑을 지나 하늘로 스며든다. 빠르게 흐르던 구름이 멈춰 서고 공기가 변하기 시작한다. 낮의 끝과 어둠의 시작이 교차하는 순간, 세상은 조용히 다음 시간을 준비한다.

산책길에 조용히 스며들던 어둠이 내 앞에 서서 나를 응시한다. 평온함과 불안감이 동시에 느껴지는 순간이다. 낮을 채우던 촘촘한 그물망이 하나둘 풀어지는 느슨함과 더불어 또 다른 밤의 시간을 준비해야 한다는 긴장감이 겹치고 있다. 이제는 밝음을 내려놓고 어둠을 맞이해야 할 시간이 되었다는 뜻이다. 밝다는 것은 선명해서 좋다. 다양한 에너지를 내포하고 있는 색채를 보여주니 그저 누리기만 하면 된다. 가치관과 취향에 따라 판단과 선택을 쉽게 할 수 있으니 꼿꼿하게 걸어 나가기만 하면 된다. 이게 기본값이려니 여기면서.

반면 어둠은 신뢰하던 시감각을 무력하게 해버린다. 보이지 않으니 엉거주춤 더듬거리게 되고 자세도 구부정해진다. 힘을 잃은 시각 대신 잠자던 다른 감각들을 다 깨워서 동원하며, 밝은 시간이 채웠던 정보와 혜안을 가동해가며 소란을 피워야만 겨우 어둠에 익숙해지고, 그제야 어렴풋이 주변 사물이 드러나기 시작한다. 그래서 조금이라도 밝음의 범주에 오래 머무르고 싶다고 생각한다. 하지만 안타깝게도 삶에 있어서 밝음과 어둠은 선택할 수 있는 대상이 아니다. 밀물과 썰물처럼 흘러오고 쓸려가는 일일 뿐.

　어느덧 나의 시간도 6시 언저리에 와 있다. 부여잡았던 것들을 내려놓고 영혼의 집으로 돌아가야 하는 시간이 된 것이다. 나를 채우던 거친 색들도 하나씩 빼내야 한다는 사실, 아쉬워도 두려워도 어둠을 채워야 하는 시간이 된 것이다. 내 삶에 저녁을 맞이해야 한다는 것을 마음보다 몸이 먼저 아는지 몸 이곳저곳에서 누수가 생긴다. 애당초 부실하게 지어진 데다가 낡은 몸인지라 한 곳의 구멍을 막으면 다른 곳이 터진다. 수시로 땜질하기에 바쁘다보니 호기롭게 뭐든 다 해낼 수 있다고 큰소리칠 수 없게 되었다. 예전처럼 밤새워 무엇을 한다는 것은 이미 불가능해져버렸고, 하루를 달리면 하루를 쉬어야 하고, 알고 있는 내용도 여러 번 다시 확인해야 그나마 실수를 줄일 수 있는 나의 몸, 그러니 어디서도 선뜻 내가 해보겠소 하지를 못하고 눈치만 보게 된다.

　이런 몸 상태에 대해 서러운 마음이 들다가도, 이게 순리지, 라고 다독이며 홀로 위로하곤 한다. 어둠이 스미고 밤이 오는 것을 인정해야 할 시간인데 생각처럼 냉정하기 어렵다. 아직 마음의 눈이 뜨이지 않았다는 뜻일 거다. 어쩌면 충분히 누리지 못한 밝음에 대한 아쉬움이 남아 있어서인지도 모른다. 변변히 이루어낸 것도 없이 낮의 시간을 다 사용해버렸다는 안타까움도 한몫할 테다.

　감정의 혼란스러움 탓인지 흔들거리는 걸음을 쉬려고 어둑해진 벤치에 앉으니, 어디선가 익숙한 꽃 분내가 난다. 한 무더기의 분꽃이 어둠 속에서 향을 내고 있다. 가까이 다가가니 분홍, 노랑 꽃송이들이 어둠을 즐기는지 해맑게 웃고 있다. 어린 시절 올레에서 또래들과 놀이에 빠져 조금만 조금만 더 하다가 어둠이 내리는 것도 모르다가 어머니의 외침 소리에 집으로 돌아갈 때 웃어주던 꽃이다. 진한 색감의 꽃을 양쪽 귀에 달랑달랑 꽃 귀걸이를 하고 신라의 여왕처럼 우쭐대던 때가 생각난다.

　분꽃의 꽃말은 겁쟁이, 소심, 수줍음이라 한다. 아마 밝은 낮에는 피어나지 못하다가 밤이 되면 피어나서 붙여진 듯하다. 하지만 분꽃의 내력을 들어보면 꽃말에 대해 고개를 갸웃거리게 한다. 중남미 원산의 다년초 초본식물인 분꽃은 17세기경에 한반도에 들어와 이제는 당당히 토종 꽃으로 자리를 굳힌 꽃이다. 아무리 식물일지라도 그가 치렀을 생존경쟁이 녹록지는 않았을 것이니 소심한 것과는 거리가 있어 보인다. 한 뿌리에 여러 가지를 펼치며 필요에 따라 색을 바꿔가며 피어나는 이 꽃은 오히려 밤을 즐기는 것 같다. 분꽃의 생태적 특성은 멘델의 법칙이 따르지 않는 식물이란다. 중간유전의 형태로 나타나 혼합색상이 나오거나 모자이크가 나오거나 한 식물에서 다른 두 색의 꽃이 나오기도 한다니 애당초 반골 기질을 타고난 셈이다. 누가 보든 말든 제 색을 만들어가는 분꽃은 어둠을 이끌어가는 꽃이 아닐까. 분꽃처럼 고난을 당당히 즐길 수 있으면 좋으련만.

    해가 져야 분꽃이 피듯 어둠이 내리는 시간은 별이 뜨고 달이 오르는 시간이다. 짙은 어둠일수록 별과 달은 더 빛이 나고 아름답다는 사실은 그 누구도 부정하지 못하는 진리가 아닌가. 돌이켜보면 내 젊은 날의 터널을 잘 걸어오게 한 건 별과 달이 함께 있어서였다. 어둠과 별과 달은 어쩌면 한 묶음인지도 모르지. 그러니 밀쳐낼 것이 아니라 별과 달을 심어넣는 시간이 되어야 한다는 것이 아닐까.

    IMF라는 재앙이 온 나라를 덮쳤을 때 우리 가족도 세상의 거대한 홍수를 피해 가지 못했다. 구둣발로 들이닥친 낯선 이들은 딱히 돈이 될 것도 없는 물건 위로 빨간딱지라고 부르는 것들을 붙여나갔다. 셋째를 가져 만삭의 몸이었던 나는 무례한 그 상황이 모멸스러워서 오래도록 분노의 감정을 버리지 못했다. 하지만 밤이 깊으면 별이 더 선명해지듯 끝날 것 같지 않던 컴컴한 터널을 견디게 해준 것은 역시 세 아이들이다. 특히 갓 태어나 그 어떤 불순함을 가지지 않은 순백의 영혼을 가진 막내 녀석은 우리 부부의 빛이 되어주었다.

　살던 곳을 정리하고 지인의 도움을 받아 떠밀려 갔던 집에는 길고양이들이 이미 주인 노릇을 하고 있었지만, 그래도 평상 위에 차린 밥상에서 고양이들과 고등어구이를 나눠 먹을 수 있었고, 방울토마토를 심을 수 있는 작은 마당이 있었다. 그리고 5월이면 빨간 덩굴장미가 피어났다. 장미 그늘에서 얻어온 비치 테이블에 하얀 천을 깔아 꽃을 꽂고, 토스트를 만들어 아이들과 소박하게 오월의 햇살을 누리던 날은 얼마나 달콤했던가. 마당 건너편 이층 목재 건물 아래로 춤을 추던 붉은 담쟁이덩굴과 파란 하늘에 보내는 가을 편지들은 또 얼마나 낭만적이었나. 사실 지나온 길 위의 사진첩을 펼쳐보면 아름다운 장면마다 컴컴한 어둠이 선행하고 있었다는 것을 알게 된다.

　그럼에도 어둠은 조심스럽게 다뤄야 한다. 갑작스레 정전이 발생해 온통 깜깜해서 아무것도 보이지 않을 때, 급하게 선반 위에 올려둔 초를 찾으려고 헛손질하다가 다른 물건들까지 와르르 쏟는 낭패를 겪었던 경험이 있지 않은가. 어둠을 빨리 해결하려고 허둥대기보다는 몇 초간 눈을 감고 있다가 다시 뜨면 주변이 서서히 보이기 시작하며 놓아둔 물건의 위치를 쉽게 알 수 있었다. 그 찰나에 느껴지던 어둠은 신비롭고 따뜻했다. 마치 늘 무섭게만 느껴지던 아버지의 등에 업혔을 때

전해지는 온기와 같은. 눈이 어둠을 받아들이는 시간을 기다려야 하듯이 어둠이 내 안으로 스며들어 익숙해지도록 기다리는 인내가 필요하다. 어둠은 이겨내는 것이 아니라 받아들이는 것이기에. 나와 어둠이 일부가 되는 순간 두려움이 아닌 보호막이 된다는 것을 알게 되지 않을까.

　　두번째 구안와사가 왔다. 아는 손님이라 그런지 처음 만났을 때보다는 무섭지 않아서 다행이다. 5년 전, 처음 본 손님의 방문에 놀라 치료를 하면서도 온통 걱정과 방향 없는 원망을 하며 조바심을 쳤었다. 지금은 언제 떠날지, 얼마나 나를 괴롭힐지, 또 지워지지 않는 흉터를 남길지 모르지만 그래도 어떻게 구슬리고 달래야 하는지 알기에 조급한 마음이 들지 않는다. 치료실에서 고슴도치처럼 얼굴에 침을 잔뜩 꽂고, 눈을 감고 누운 채 생각한다. 몸이 회복되면 어디로 여행을 떠나볼까? 하고. 향기로운 꽃이 만발한 알함브라궁전을 거닐어도 좋겠고, 붉은 벽돌 지붕이 가득한 프라하의 거리에서 차 한 잔도 좋겠군 하면서 내게 온 어둠을 저항 없이 받아들이고 있다. 그리고 작은 설렘으로 기다리고 있다. 내게 안겨올 별 하나를. 따뜻하게 나를 비쳐줄 손톱달을.

4

다시,
문턱에서

까만 어둠이 내려앉아 어떤 윤곽도 드러나지 않을 때에야 나는 비로소 울 수 있었다. 눈물에는 소리가 없었다. 다행이었다. 나를 볼 수 있는 건 까만 바다뿐이었다. 파도처럼 일렁이는 마음들이 잔잔해지면 희미해진 눈에 바다를 채워 넣었다.

19시

내 인생의 리셋 버튼

손정은

노을을 사랑하고 세계 여행을 꿈꾸는 몽상가. 현실에서는 제주와 육지를 오가며 일하는 직장인. 우연히 제주살이를 하다가 만난 작가와 결혼해 애월에 작은 책방을 열었고, 이제는 책과의 여행을 즐기고 있다.

생각해보니 세 번이나 인생의 리셋 버튼을 눌렀다. 스물네 살 처음 외국으로 떠나야겠다고 마음먹었을 때 한 번, 중국어에 대한 호기심으로 서른 살에 한 번, 그리고 마음속 풍향계가 고장나버린 것 같았던 마흔둘에 다시 한 번. 모든 멈춤의 순간에는 그만한 두려움이 있었다. 용기는 뭘 하기 위해서도 필요했지만, 아무것도 하지 않기 위해서도 필요한 것이었다.

마흔둘에 누른 버튼은 특히 강렬했다. 12년간 다닌 회사를 그만두고 그동안 10년 넘게 살면서 영주권까지 얻었던 홍콩도 떠나기로 한 것이다. 내가 상상한 마흔둘이 아니었다. 이십대 때는 얼른 마흔두 살이 되고 싶었다. 그 나이가 되면 편안하고 안정된 삶을 살고 있을 것 같았기 때문이다. 하지만 내가 그 나이에 도착해 선택한 것은, 내 삶을 '새로고침' 하는 것이었다.

마지막 출근길, 내 두 손에는 홍콩에서 제일 맛있는 컵케이크들이 가득했다. 입에 살살 녹는 그 비싼 달콤함을 맛본다는 것은 특별한 날만 가능한 일이었다. 그동안 퇴사하는 동료들이 나누어주는 디저트를 참 많이도 먹었는데 드디어 내 차례가 된 것이다. 어떻게 만들어진 문화인지 이방인인 나로서는 알 수 없다. 하지만 막상 떠나는 사람이 되고 보니 이보다 더 좋은 선물이 없었다. 아낌없이 지갑을 열어 한 사람 한 사람을 떠올리며 다양하고 컬러풀한 컵케이크를 골랐다. 눈물과 서운함 대신 웃음과 달콤함으로 마지막 인사를 나눴다. 퇴근길에

늘 무겁던 뒤통수가 그날은 그렇게도 가뜬할 수가 없었다.

도시의 빠르고 복잡한 일상에서 벗어나 온전히 나에게만 집중하고 싶었다. 스페인 시골 마을에서 친구와 함께 스페인어를 배우며 한 해를 보내는 꿈을 꾸었지만, 코로나 팬데믹으로 인해 계획을 수정해야 했다. 결국, 유일하게 문을 연 하늘길을 따라 제주도로 향했다. 간단한 짐만 챙겨 떠난 여행이었다. 사전 계획이나 가이드북 없이 자유로운 영혼으로 제주를 누비기 시작했다. 이렇게 나의 안식년은 예상치 못한 곳에서 시작되었다.

바깥세상과 나를 의식적으로 차단했다. 이전과 다른 생각을 하고 싶어서 평소 나답지 않게 다른 행동을 했다. 매일 밤 아무한테도 방해받지 않고 시간 제약도 없이 충분히 깊은 잠을 잤다. 일어나고 싶은 시간에 개운하게 일어나서 맑은 아침을 맞고 명상으로 하루를 시작했다. 그때 유일하게 지킨 일상의 습관은 저녁때 금능 해변에 나가 노을을 마주하는 것뿐이었다.

사람에겐 누구든 잘 고쳐지지 않는 습성이란 게 있다. 오랜 시간 거기에 배어들었기 때문에 아무리 노력해도 좀처럼 바꾸기 힘든 그런 것 말이다. 이를테면 긴 시간 회사 생활을 한 사람이 하루를 인식하는 감각이 그렇다. 해가 뜨면 그게 뭐든 생산적이거나 의미 있는 일을 해야 할 것 같고, 해가 질 녘이면

쉼의 더듬이가 민감해진다.

내가 그랬다. 저녁 6시가 되면 내 발걸음은 퇴근하듯 해변 쪽으로 빨라졌다. 낮은 돌담 사이로 피어난 꽃들과 정겨운 동네 풍경은 마음을 편안하게 했고, 길고양이의 애교는 시간 가는 줄 모르게 했다. 벌써 저녁 7시, 사무실에 있었다면 세번째 커피를 마시며 모니터에 코 박고 있을 시간이었다.

매일 금능 해변에 앉아 저녁노을을 기다렸다. 서서히 저무는 노을빛이 하늘과 바다를 붉게 물들이고, 그 황홀한 풍경 속에서 모든 것이 조화롭게 어우러졌다. 나는 엄숙하고 평화로운 이 순간을 사랑했다. 누군가 그랬다. 노을을 보고 있으면 천국이 있다는 것을 믿게 된다고. 나에게 노을 산책은 매일 펼쳐지는 일상 이상의 것이었다. 마치 신과 연결된 듯 저녁노을을 바라보고 있으면 오늘 하루도 아름다웠다고 감사한 마음이 솟아올랐다.

대부분의 저녁노을은 길게는 한 시간 동안 펼쳐지는 마법 같은 시간이다. 금능 해변은 해안 길을 따라 협재 해변까지 연결되어 있어서 산책하다 보면 꽤 오랫동안 걸을 수 있다. 해변에 앉아 가만히 수평선을 따라 지는 노을을 보는 것도 좋지만, 나는 조금씩 걸으면서 시간마다 변하는 노을에 나를 물들이기를 좋아했다. 노을이 물든 바다를 바라보며 걸었던 산책길은 내 지친 마음을 어루만져주는 따뜻한 차 한 잔 같았다.

제주살이를 시작한 늦봄에서 가을까지, 제주의 자연과 제철 음식은 내 몸과 마음을 편안하게 살찌웠다. 아무것도 하지 않고 그저 먹고 자는 일에만 충실하고 싶던 나에게, 매일의 노을 산책은 작은 의식처럼 자리 잡았다. 그 시간은 단순한 휴식 그 이상이었다. 노을 속에서 나는 점점 꿈을 꾸기 시작했다.

　어릴 적 이루고 싶었던 꿈과 아직 해보지 못한 일들이 하나둘 떠올랐다. 선생님이 되고 싶었던 꿈은 이십대 초반에 꺾였지만, 잊고 살았던 또 다른 바람이 떠올랐다. 그것은 바로 '책감옥'이었다. 책으로 가득 찬 방에 갇혀 세상과 단절된 채, 오롯이 책 속 세상에 몰두하고 싶다는, 어쩌면 조금은 이상한 소망이었다. 마치 고치 속 애벌레처럼, 책이라는 영양분을 섭취하며 정신적으로 성장하고 싶었다. 글로벌 고객 프로젝트를 관리하는 매니저로 오랜 시간 일했던 나는 늘 촉박한 일정에 쫓겼다. 잠잘 시간조차 부족했던 현실 속에서 무의식은 책감옥이라는 피난처를 꿈꿨던 것이다.

　언제부터였는지 정확히 기억나지 않지만, 해외여행을 갈 때마다 나는 꼭 그 나라의 도서관에 들렀다. 언어는 낯설어도, 책의 무게와 냄새, 도서관 특유의 공기는 늘 익숙했다. 책으로 둘러싸인 공간은 나에게 힐링 그 자체였다. 내가 얼마나 책을 원하고 있었는지 알게 된 순간, 나의 마음은 자연스레 그쪽으로 이끌렸다.

　제주는 단순한 휴식처를 넘어, 잃어버렸던 나를 발견하고 새로운 꿈을 펼칠 수 있게 해준 촉매제와 같았다. 특히 독서를 통해 얻은 즐거움은 제주 생활의 가장 큰 선물이었다. 정말 오랜만에, 생계와 필요에 의해 읽는 책이 아니라 내 영혼을 살찌우는 책들을 읽었다. 그 책들은 나를 깨우고 지친 마음을 어루만졌다. 특히 제주도 곳곳에 숨어 있는 작은 책방들을 찾아다니며 나는 또 다른 꿈을 품게 되었다. '언젠가 나만의 일을 제주에서 찾아보자.' 제주에서의 삶은 나에게 그런 작은 용기를 심어주었다.

지금은 11월의 늦가을. 선선한 공기가 마음을 가볍게 한다. 두번째 제주살이를 시작한 지금, 나는 4년 전의 결심을 떠올린다. 그때, 7개월간의 제주살이를 마치며 나는 반드시 다시 돌아오리라 다짐했다. 그리고 지금, 나는 다시 돌아왔다. 달라진 점이라면 이번에는 혼자가 아니라는 것이다. 결혼을 했고, 이제는 제주도민이 되었다.

푸른 귤꽃 향기가 가득했던 봄날, 제주에 처음 발을 내딛었던 그때가 떠오른다. 나는 제주시에서 서귀포까지 일주서로로 통과하는 202번 버스를 자주 탔다. 햇살이 따스하게 내리쬐는 버스 안이 나만의 작은 세상 같았다. 창밖 풍경에 시선을 고정하고 있으면 시간이 멈춘 듯 저절로 숨이 느려졌다. 그러다 지도 앱에서 알람 소리가 들리면 잠시 현실로 돌아온 듯 기분이 새로워져 있었다.

　며칠 전, 오랜만에 하늘색 202번 버스에 올라 창가 자리에 몸을 맡겼다. 익숙한 풍경 속에서 새로운 설렘을 느끼며, 마음이 잔잔한 파도처럼 출렁였다. 버스가 금능 해변에 멈춰 선 것은 저녁 7시. 저 멀리서 혹은 내 마음의 가장 가까이에서 노을의 시간이 온다. 붉은 태양이 하루를 마무리하며 세상을 물들이기 시작한다. 붉음이 푸름으로 녹아들며 만들어내는 환상적이고 풍성한 색채. 나는 여전히 이 순간을 사랑한다.

　매일같이 노을을 기다리고, 그 빛 속에서 산책했던 시간이 없었다면 지금의 나는 없었을 것이다. 그 시간은 나에게 단순한 일상이 아니었다. 매일의 감사와 새로운 꿈을 품게 해준 특별한 의식이었다.

　이 글을 읽을 당신에게 이 말을 꼭 전하고 싶다. 열심히 살아온 그동안의 삶이 무의미하게 느껴지고, 공허함 속에서 아무것도 하고 싶지 않은 마음이 드는가. 그렇다면 제주로 떠나보길. 그리고 제주버스 202번을 타고 금능 해변에서 노을을 만나보라. 나에게 그랬듯 그 노을이 당신의 지친 마음을 어루만져주고, 다시 시작할 용기를 줄지 모른다.

20시

소등하는 시간

김싱숭

나는 자주 마음이 어수선하고 불안정하다. 머리를 감고 드라이를 잘 안 해서 생긴 비듬 같다. 누가 울면 서둘러 나가기 위해 머리를 어서 감고 튕겨나간다. 마음은 좋으나 준비가 항상 덜 된 나는 마음만 급해서, 무엇을 향하면서도 항상 싱숭생숭하다. 그럴 때 비듬처럼 글감이 떨어진다. 시가 아니라 산문을 쓰는 나를 김싱숭이라 부른다.

다섯 살 아이를 위탁하던 시절이 있었다. 지금은 아니다. 그 시절은 나에게 저녁 8시라는 수평선을 남겼다. 세월이 흘러 나 혼자 다음 세계로 건너갈 때, 스르르 스스로 눈감을 수 있다면 혼자 읊조리고 싶은 문장이 있다.

"저녁 8시야, 이제 자는 시간이야."

나는 자는 척할 것이다. 잠을 자는 척 눈을 감았을 뿐인데, 어느새 아침이 되었을 것이다. 난 죽어서 아침이 될 것이다. 아침이 되어서, 그냥 아침이 될 것이다.

나는 서귀포에서 태어났다. 오랑은 목포에서 태어났다. 우리는 줄곧 다른 반이었다가 초등학교 6학년 때 같은 반이 되었다. 서른다섯 살 오랑이가 목숨을 끊을 때까지 우리는 자주 친했다. 6학년 첫날 반장이 되었다. 오락부장이나 응원단장을 맡을 때와는 달리 조금 설레었다. 처음 맡은 임무는, 누가 시키지 않았지만 봄 소풍에 선보일 장기자랑 연습이었다. 오락부장에서 반장으로 신분상승을 한 나는 봄소풍 일정이 정해지지도 않았는데, 하교 후 장기자랑에 참여하고 싶은 학생들은 교문 앞으로 모이라 전했다. 당시만 해도 학원에 다니는 아이들은 많이 없었다. 여자아이들이 많이 모였다. 그중에 오랑이도 있었다. 춤을 출까 패션쇼를 할까 고민을 하다 춤으로 정한 우리는 이제 연습할 장소에 대해 의논을 했다. "가장 가까운 사람

집에 가서 연습하기로 하자. 너희 집은 어디야? 그럼 너는? 그럼 넌?" 아이들은 하나둘 자신의 집이 어딘지 이야기를 했다.

그때만 해도 나는 오랑이가 보육원 아이였는지 몰랐다. 보육원에서 생활하는 아이들은 티가 났다. 수업이 끝나면 그 아이들은 서둘러 집으로 갔으니까 하지만 6학년이 되어 만난 오랑이는 수업이 끝나도 나랑 많이 놀았다. 아이들이랑 달리기 시합도 하고 자전거도 빌려 타며 저물 때까지 놀았다. 우리는 손발이 흙빛이 되어서야 집으로 돌아갔다. 바닷일 나간 엄마가 돌아오는, 엄마 손등처럼 하늘이 거칠게 저물어서야 집으로 갔다. 오랑이도 비슷했다. 오랑이도 서둘러 집으로 돌아가지 않았다. 그 유희의 시간만큼 더 많은 곳을 청소하는 등 더 많은 임무와 벌칙을 받았다는 것을 어른이 되어서야 알게 되었다.

"오랑이네 집이 가장 가깝네, 가자! 오랑이네 집으로!" 거리로 따지면 정말로 오랑이가 사는 보육원이 가장 가까웠다. 보육원은 넓었다. 시멘트가 발라진 오솔길을 따라 정원도 예쁘게 꾸며져 있었다. 우리는 준비한 카세트가 없어서 노래를 직접 부르며 넓은 강당에서 춤 연습을 했다. 아직 일정도 잡히지 않은 봄 소풍을 준비했다. "네가 반장이니?" "네." "내가 이곳에 근무하고 나서 일반 아이들이 놀러 온 것은 너희들이 처음이야." 처음이었으나 그곳에서는 마지막 연습이 되었다. 어른들은 자주 말했다. 보육원 근처는 가지 말라고, 사실 보육원 대문을 들어서며, 나도 미지의 세계로 들어가는 기분이 들긴 했다. 학부모님들은 선생님께 일렀고, 우리는 교실에서 일정이 아직 잡히지 않은 봄소풍 장기자랑 연습을 했다.

스무 살에 아버지를 여읜 나는 서른다섯 살 오랑이의 죽음을 이미 알고 있었다. 먼저 세상을 떠난 사람들은 나뭇잎 돋듯 세상에 다시 나타난다는 것을. 저 세계의 영혼들이 아주 작고 연약한 작은 부리로 후후 불면서 낭썹 돋듯 이 세상 가까이 다가온다는 미신을 알았다. 그렇게 빛나는 미신 한 방울 정도는, 귓불에 붙이고 반짝이는 햇살처럼 장식할 줄 아는 환한 이승의 사람이었으니까.

가족 공동묘지에 아버지 재를 묻었지만 봄에는 쑥 캐는 언니들 바라보며 담배 피우던 아버지를 기억할 수 있었고, 여름이라 소나기 내리면 겉옷을 벗고 나를 덮은 채 달리던 아버지를 기억할 수 있었다. 죽은 아버지는 시의적절 바뀌며 나타났다. 훗날 아들을 키우면서는 계절 정도가 아니라 시시각각 아버지가 등장했다. 이미 아버지가 나에게 했던 일, 가령 "아버지는 뒤통수에도 눈이 달려 있다"라는 말을 내가 아들에게 다시 말할 때 보일러 온수에 빨간 불이 들어차듯 나는 마냥 따뜻해지고 말았다. 아버지가 나에게 한 일들은 아버지가 앉았다 일어선 방석처럼 따뜻한 자세를 가지고 있었다. 하지만 죽은 오랑은 달랐다. 죽은 오랑이 등장할 때마다 나는 진흙 위 맨발로 서 있는 기분이다. 흙탕물을 마시는 기분이다. 그냥 가만히 서 있으라고, 진흙이 가득한 물잔을 그냥 가만히 두라고, 그런 감정은 곧 침전할 것이라고, 결국 맑아질 것이라고 나의 깊은 우울을 이해하는 사람은 조언해주었다. 하지만 나마저 오랑이를 잊어버린다면, 오랑이가 저승에서도 침몰할 것 같다.

오랑이는 제주도 친척집에 잠시 맡겨졌다가 보육원에서 살게 되었다. 열아홉 살이 되자 보육원을 나와 우리 집으로 왔다. 보일러가 없는 창고로 쓰던 작은 방을 정리하자 오랑이의 새 방이 되었다. 오랑이는 그 방에서 살았다. 이듬해 우리는 스무 살이 되었고, 나는 대학 새내기가 되어 주말에나 오랑이를 만날 수 있었다. 오랑이는 직장을 다니고 있었다. 그해 봄 나는 뇌출혈로 쓰러진 아버지 병간호하기 위해 휴학을 했다. 병원이 멀어서 여전히 서귀포 집은 가지 못하고 간병인 침대 위에서 생활하고 있었다. 아버지가 중환자실에 머무를 때 우리 가족은 집에 머물지 못했다. 우리 빈집을 오랑이가 지켰다.

스무 살 여름 장마에 비가 새고 있다는 것도 오랑이가 알려주었다. 오랜만에 집에 가보니 아버지 책상이 놓여 있던 안방은 곰팡이로 가득했다. 오랑이와 함께 곰팡이를 닦고 집을 정리했다. 오랑이와 함께 살며 나는 오랑이가 살아온 이야기를 많이 들을 수 있었다. 그해 가을 아버지가 돌아가셨다. 아버지가 돌아가시고도 한동안 오랑이는 우리 집에 살았다. 그래서 오랑이의 이야기를 더 많이 들을 수 있었다. 나는 다시 학교에 다니기 시작했고 다시 주말에나 가끔 오랑이를 보았다. 대학에서 배운 문학과 관련된 이야기를 하며 나는 센 척했고, 오랑이는 그냥 셌다. 오랑이는 남자랑 잔 이야기도 많이 들려주었는데, 대부분 무표정한 얼굴로 이야기했다. 나는 지금에서야 그 표정이 자신은 아무에게도 마음을 주지 않겠다는 서툰 각오가 가득한, 센 척하는 표정이었다는 것을 알게 되었다. 그렇게 센 척하면 뭐 하나, 오랑이는 독했지만 결국 죽었다. 진짜 독해서 스스로 목을 매 죽었다. 시신을 발견한 사람들은 오랑이 얼굴이 콩자반처럼 검게 변해 있었다고 말했다.

제주도 도련동 어딘가에는 영아원이 있다. 지형이 동그랗게 생긴 들이 있어, 도련평이라는 데서 유래되었다고 한다. 제주도 외도동 어딘가에는 보육원이 있다. 동그란 자갈이 자구르르 구르는 알작지가 근처에 있다. 오랑이는 우리 집을 떠나

육지로 올라가 기숙사 공장에서 자주 일했다. 그래서 오랑이의 새로운 방으로 자주 놀러 가지 못했다. 가끔 오랑이가 새로운 남자친구가 생기면 살림방이 생기기도 했는데, 보통 방이 하나라 오래 머무를 수 없었다. 낯선 도시로 오랑이를 만나러 가던 날들이 생각난다. 오랑이가 이 세계에서 사라져버리자 나는 어디에서 오랑을 찾아야 할지 몰라 낯선 지역에 도착하면 고아원이 어디에 있는지 자주 살펴보게 된다.

다섯 살이던 아기를 위탁하던 시절에 밤이 늦어도, 새벽까지 잠들지 않는 아이가 걱정이었다. 책을 읽어주고, 손전등으로 그림자극을 만들어주고, 등에 업고 어둠 속을 서성거려도 새벽까지 잠들지 않았다. 하루는 언니에게 "9시, 늦어도 10시면 잠을 자기 시작했을 텐데 왜 이렇게 잠을 자지 못할까" 물었다. 옆에서 그 말을 엿듣던 다섯 살 아이가 말했다. "8시에 잤어요." 우리는 아이의 초롱초롱한 눈빛을 바라보았다. "정말? 8시에 자기 시작하는데, 그렇게 일찍? 잠 안 오면 어떻게 했어?" 아이는 말했다 "불 끄면 잠든 척하고 있었어요. 눈 감고 있다가 아무도 없으면 놀아야지 생각하는데, 눈 뜨면 아침이 되어 있었어요."

나는 자는 척하다가 죽을 것이다. 아침이 될 것이다. 아침이 되어서, 내가 만질 수 없었던 아이의 다섯 살 이전의 저녁 여덟 시 이후가 될 것이다. 모든 밤이 향하는 아침이 될 것이다. 지구에 내가 없더라도 아이가 지구에서 아침을 맞이하는 한, 단 한 번도 사랑은 멈추지 않았다고 말하고 싶어서, 아주 까마득한 너의 어린 시절의 저녁 8시 이후가 되었다고 말하고 싶다.

가족사진을 찍으러 목포에 갔다. 목포는 나무가 가득한 숲이라 그러던데, 오랑이는 목포에서 태어났으니 아마도 새가 되었을 것이다. 목포항 근처 서산동에 이르니 큰 포데기 펼친 듯 비탈진 동네가 한눈에 들어왔다. 오랑아, 너도 누군가의 등에 업혀 지내던 시절이 있었겠지. 너의 생모와 생부가 헤어지지 않았던 다섯 살 전에는 말이야. 우리가 다시 만나게 된다면 그 감촉에 대한 이야기만 나누자. 우린 다 죽었으니까 그런 감촉이나 이야기 나누며 내내 죽어 있자.

오랑아, 나에게도 숲에서 아이가 새처럼 날아왔어. 내 손에 가득 담긴 아이가 연필심처럼 뚝뚝 소멸하듯 무럭무럭 자라고 있어. 아이는 다섯 살에 날아왔어. 우리가 아직 어색한 가족을 연습하고 있을 때 말이야. 조금이라도 큰 목소리를 내면, 아이는 두 팔을 독수리처럼 벌리고 몸집을 부풀리며, 무서운 눈빛으로 나에게 대항하듯 다가왔지. 그 아이를 보면, 어디서 많이 보았던 눈동자야, 그 눈빛, 높은 곳에서 겁도 없이 뛰어내리던 오랑이 너의 눈동자, 우리가 처음 만난 6학년 시절에, 우리는 항상 한편이었지. 둘이 한편일 때 아무도 우리를 이길 수 없었어. 너는 우리 학교에서 가장 높은 곳에서 뛰어내릴 수 있는 담력을 가진 아이, 넌 정말 세상 아무도 두렵지 않은 고독한 눈동자로 그렇게 살다가 저세상으로, 그 숲으로 날아갔구나.

  (오랑은 본명이 아니다. 호랑이를 닮은 아이라서 오랑이라 불러본다.)

21시

작은 창문

조미연

상실에서 한 걸음 멀어지기 위해 글을 쓰기 시작했다. 글은 나를 예전의 일상으로 데려다주었다. 지금도 상실의 터널에서 길을 잃은 사람을 위해 계속 쓰는 사람이고 싶다.

나의 주방에는 작은 창이 하나 있다. 나는 매일 이곳에 서서 창밖을 바라본다. 아침이면 한쪽 눈을 찡그린 채 주방 창가로 걸어간다. 매일 아침 창문을 두드리는 선물 같은 날씨. 창밖으로 어렴풋이 보이는 제주의 풍경이 반갑다.

나는 팔을 뻗어 단번에 주방 창문을 연다. 네모난 집에 손바닥 두 개만 한 구멍이 생긴다. 그 작은 숨구멍으로 풋풋한 아침 공기와 눅진한 습기가 한꺼번에 밀려온다. 창문으로 쏟아지듯 들어온 바람은 집 안 곳곳을 돌고 돈다. 밤새 낮게 깔린 공기들까지 한 번에 바꾸어버린 후 사라진다. 바람은 연기처럼 흩어지지만 나는 느낄 수 있다. 이 바람이 바꿔놓은 오늘 하루를. 그리고 지금의 나를.

처음 이 창문 앞에 섰을 때, 나는 아무것도 느낄 수 없었다. 감각이 사라진 상태로 하염없이 창밖을 바라보기만 했었다. 작은 창문 너머에는 무채색으로 뒤덮인 제주 바다가 있었다. 누가 연탄재 같은 희뿌연 것을 덮어둔 것 같았다.

내 기억 속에 있는 아빠의 마지막 모습도 회색이었다. 숨이 모두 빠져나간 아빠의 얼굴. 결국 고요한 사람이 되어버린 아빠. 암 투병으로 바싹 말라버린 작은 몸. 이미 딱딱해져버린 아빠의 손과 차가운 냉기를 쓰다듬었던 나의 손. 나는 여전히 그날의 기억 속에서 단 한 발짝도 움직이지 못하는 사람이 되었다. 아빠는 6개월의 여명을 다 채우지 못했고, 5개월 만에 우리 곁을 떠나갔다.

나는 아빠의 마지막 시간을 지키며 한 사람의 숨이 사그라지는 것을 처음으로 목도했다. 그리고 우리가 헤어졌던 순간은 찰나의 상태로 존재한다. 카메라 셔터음이 들리면 한 장씩 넘어가는 사진처럼 연결되지 않은 상태로 듬성듬성 남아 있다. 아무리 준비해도 완벽해질 수 없는 이별이었다. 사랑하는 가족을 떠나보낸다는 건 숨을 쉴 수 없을 만큼 뻐근해져 오는 심장을 감각하는 일이었다.

아빠는 언제나 입버릇처럼 말했다. "나는 나이 들면 바닷가에 집을 지어놓고 살 거야."

낚시를 좋아하던 아빠는 자주 배를 타고 바다로 나갔다. 그래서인지 지금도 밤바다를 보면 아빠 생각이 난다. 나는 아주 어렸을 때부터 아빠와 함께 낚시를 하러 다녔다. 아빠는 밤이 되면 광부처럼 머리에서 불빛이 나오는 랜턴을 켜고 내 작은 낚싯대에 미끼를 끼워주었다. 어두운 밤이었지만 랜턴에서 나오는 한 줄기 빛만으로도 주변을 밝히기 충분했다. 낚싯대 끝에는 작은 불빛을 달았다. 그 빛이 낚싯대 끝에 매달려 물속으로 사라졌다 떠올랐다 했다.

우리는 나란히 낚시 의자에 앉아 밤새도록 작은 행복을 낚았다. 낚시가 잘 되는 날도 그렇지 않은 날에도 아빠와 나는 웃을 수 있어서 좋았다. 생각해보면 나는 아빠가 내 옆에서 웃고 있는 게 그저 좋았던 것 같다. 그때 나는 알았다. 나는 아빠 옆에서 아무것도 하지 않아도 된다는 것을. 아빠가 곁을 내어주면 나는 그 자리에 가만히 있어도 된다는 사실을.

아빠는 나를 감싸주는 지붕 같은 존재였다. 아빠라는 이름 아래서 나는 보호받고 있었다. 그러나 그 지붕이 사라진 뒤 나는 비로소 알게 되었다. 이제부터 온전히 내가 감당해야 한다는 것을. 내리쬐는 햇볕과 뜨거운 바람, 차가운 비와 모든 것을 삼켜버릴 듯한 태풍까지도. 아빠의 빈자리는 이렇게 소리 없이 나를 흔들었다. 그 흔들림 속에서 나는 서서히 깨달았다. 내가 잃어버린 것의 자리가 얼마나 깊고 큰지를.

모두가 잠든 저녁, 나는 도둑고양이처럼 발끝을 들고 살금살금 주방으로 간다. 팔짱을 낀 채 양팔을 싱크대에 내려놓고 창밖에 보이는 빛을 천천히 좇아간다. 제주가 가진 낮과 밤의 간극은 선명했다. 낮에는 더없이 화사하다가 밤이 되면 모든 것을 마비시킬 듯 절망적인 어둠을 데려왔다. 어느덧 저녁 9시.

나는 이 순간의 고독이 반갑다. 사람의 소리는 사라지고 그 자리에 조용한 그림자만 남는다. 바람의 그림자, 멀리서 다가오는 버스의 그림자, 풀벌레의 그림자까지. 밤을 찾아 여기까지 온 그림자가 하나둘 겹치기 시작한다. 그림자는 희미한 밤의 소리를 끌어안아 제주의 까만 바다로 빨려들어간다. 소란함이 사라진 자리에 고요가 찾아온다. 창밖의 소리는 서서히 멀어지고 주방에는 내 숨소리만 낮게 깔린다. 나는 눈을 감은 채 몸에 남은 긴장을 풀고 천천히 어둠 속으로 걸어들어갔다. 그 어둠 속에서 내가 숨 쉴 작은 공간을 만들어냈다. 온통 어둠뿐인 제주의 밤, 숨소리가 고요한 공간을 가득 채우고 있었다.

나는 속눈썹 끝에 조금씩 힘을 주어 두 눈을 열었다. 까만 어둠이 통제하던 마음에 선명한 빛이 스며들었다. 창밖에서 들어오는 버스정류장의 불빛이었다. 캄캄한 제주의 시골길, 홀로 자리를 지키는 버스정류장 하나가 그곳에 있었다. 나는 버스정류장을 보며 작게 말했다. "너는 참 나 같네."

버스가 다니지 않는 어두운 밤에도 새벽이 올 때까지 홀로 그 자리를 묵묵히 지키는 너. 나는 그 단단한 침묵에 따스한 위로를 받았다. 언제나 그 자리에 있어준다는 것. 그것이 단순하면서도 어려운 일이라는 걸 나는 너무 늦게 알았다.

멀리서 밤을 뚫고 버스 한 대가 온다. 버스를 감싼 노란 불빛이 조금씩 움직인다. 작은 빛이 점점 거리를 좁히더니 집 앞 버스정류장에서 멈췄다. 그런데 아무도 타지 않고 누구도 내리지 않는다. 버스는 잠시 멈춰 섰다가 다음 정류장을 향해 유유히 떠났다. 모든 것은 오고 또 간다. 마치 시간이 되면 버스정류장에 도착하는 이 버스처럼. 이 사실을 받아들이기까지 나에게는 1년이라는 시간이 필요했다. 제주에 온 이후로 나는 매일 저녁 창밖의 버스정류장을 지켜보았다. 오늘도 버스가 오는구나. 내일도 버스가 오겠지. 나는 어김없이 제시간에 오는 버스를 보며 안도했다. 그렇게 아빠가 없는 하루하루를 살아냈다.

삶을 잠시 멈춰야만 했을 때, 나는 기꺼이 일시정지 버튼을 눌렀다. 꿀꺽꿀꺽 삼켜보려 해도 도무지 삼켜지지 않는 슬픔의 덩어리는 힘껏 끌어안았다. 아빠를 떠나보내는 과정이 나에게는 힘겨웠으리라. 나는 그 슬픔을 어떤 방식으로 조각내어 소화해야 할지 몰랐다. 가족을 잃은 것이 처음이었다. 모든 처음이 생경하듯 나의 첫 상실은 찐득하고 낯설었다. 시도 때도 없이 찾아오는 그리움을 억누르며 하루를 버텼다. 그리고 나는 밤이 되기만을 기다렸다.

까만 어둠이 내려앉아 어떤 윤곽도 드러나지 않을 때에야 나는 비로소 울 수 있었다. 눈물에는 소리가 없었다. 다행이었다. 나를 볼 수 있는 건 까만 바다뿐이었다. 파도처럼 일렁이는 마음들이 잔잔해지면 희미해진 눈에 바다를 채워 넣었다. 나는 매일 밤, 이 창가에 서서 아빠를 만났다. 나와 아빠의 추억을 까만 바닷속에서 쉴 새 없이 건져올렸다. 그 시간들이 나를 살렸다. 내일을 살아갈 수 있게 했다.

바다와 내가 쌓은 시간이 두터워질수록 나는 조금씩 회복

되는 느낌이었다. 잿빛으로만 보이던 제주가 조금씩 선명하게 다가왔다. 오늘 만난 밤바다는 사뭇 다른 모습이다. 오랜만에 가족들과 케이크를 가운데 두고 동그랗게 둘러앉았다. 아이들의 미소는 크림처럼 달콤했다. 우리는 다 함께 숨을 모아 촛불을 껐다. 아이들은 누가 먼저랄 것도 없이 손가락으로 크림을 찍어 먹으며 웃음을 터뜨렸다. 우리는 식탁 위에 놓인 설탕 같은 행복을 맛보았다. 쓰기만 했던 시간을 지나 다시 일상으로 돌아오고 있었다. 내가 원하던 가족의 동그라미 안으로.

창문 밖에는 까만 생일 케이크 같은 바다가 있다. 밤빛 케이크 위에 촛불 같은 배가 촘촘히 떠 있다. 나는 그 빛에 시선을 놓는다. 촛불을 떠올릴 때마다 아빠의 자리가 더 크게 다가왔다. 아빠가 사라진 시간에도 생일은 어김없이 돌아왔다. 아이들의 생일, 엄마의 생일, 오빠의 생일. 아빠의 기일보다 가족들의 생일이 되면 아빠가 더 그리웠다. 이 기쁨을 이제는 함께 할 수 없다는 사실이 따갑게 느껴졌다. 생일 케이크를 두고 둘러앉아 축하와 박수를 아끼지 않는 가장 가까운 사람, 그게 바로 가족이 아니었을까.

나의 삶과 아빠의 삶이 손을 맞잡고 함께 걸어갔던 5개월의 시간을 기억한다. 마음은 조급했고 언제나 시간은 마음을 앞질렀다. 삶의 마지막 순간이 오면 우리는 무엇을 할 수 있을까. 남은 시간을 어떻게 살아내야 할까. 나는 잡을 수 없는 시간을 흘려보내고 나서야 깨달았다. 나는 어떤 마지막을 준비하고 있는가. 삶의 마지막에 도착했을 때 후회하지 않을 수 있는가. 나는 내가 원하는 삶의 모양으로 살고 있는가.

아빠의 마지막 손을 잡던 날, 나는 손안에 사랑의 마음을 담았다. 그리고 그 사랑만큼 아빠를 꽉 잡았다. 아빠도 내 손에 사랑을 한 줌 쥐여주었다. 우리가 마지막 순간까지 주고받을 수 있는 건 '사랑'뿐이었다. 향기도 소리도 부피도 없는 사랑. 오로지 마음과 마음이 닿아야만 전해지는 사랑. 아빠가 내게 마지막으로 남긴 건 사랑이었다.

어둠이 걷히고 새벽의 푸른빛이 깃들기 시작하면 나는 다시 주방 창가로 간다. 아이들의 아침을 준비하고, 밥을 먹이고, 옷을 입혀 보내는 평범한 하루의 시작이다. "다녀오겠습니다!"라는 짧은 인사를 뒤로한 채 아이들은 버스정류장을 향해 달려간다. 나는 창문 너머로 노란 스쿨버스에 아이들이 올라타는 모습을 바라본다. 그리고 버스가 사라질 때까지 손을 흔든다. 사랑을 가득 담은 채로 손끝에 마음을 실어보낸다.

아이들이 더는 보이지 않을 때쯤, 나는 비로소 깨닫는다. 내가 이제 아이들의 지붕이 되었다는 것을. 아빠가 그러했던 것처럼, 나는 아이들에게 그늘이 되고, 비바람을 막아주는 창문 같은 사람이 되었다. 아빠가 내게 남겨준 사랑의 무게는 여전히 나를 흔들지만, 그것이 나를 붙들고 있기도 하다. 사랑은 그런 것이리라. 보이지 않아도 계속 이어지는 것, 세상을 살아갈 수 있게 만드는 힘.

오늘도 나는 창문 밖을 바라본다. 바람이 스며들고, 멀리서 아이들의 웃음소리가 들리는 하루가 다시 시작된다.

22시

밤의 조각들

민은지

아름답고 무용한 것을 좋아하는 사람. 13년 전, 가볍게 올레길이나 한 바퀴 걸어볼까 하고 섬에 발을 디뎠다. 하늘과 바람과 햇살 같은 무해하게 반짝이는 것들에 반해서 여태껏 제주에 사는 중. 파란 바다와 산수국을 좋아한다. 서른이 되어 몸으로 말하는 법을 배우기 시작한 이후로, 감각되는 세계가 언어로 바뀌는 순간이 더 재미있어졌다.

"제주도에 있으면 안 심심하세요? 거긴 밤에 진짜 할 게 아무것도 없던데."

"모르시는 말씀! 할 게 얼마나 많은데요."

"에이, 웬만한 식당들은 죄다 문 닫는 것 같던데요. 배달앱을 열어봐도 텅텅. 심지어는 편의점도 24시간이 아니던데?"

으악. 예상치 못한 카운터펀치였다. 어디서든 흥미로운 것들은 많지 않냐고, 인생엔 지루할 틈이 없다고 대꾸하려던 찰나였는데. 오랜만에 떠올려보는 도시의 밤이 네온사인으로 가득하다. 하긴, 휘황찬란한 인공조명의 자극에 익숙해져 있으면 이곳에서의 삶이 재미없어 보일 수도 있겠다. 순간 고개를 끄덕일 뻔도 했지만, 그대로 순순히 물러설 순 없었다. 원래 인간은 좀 심심하게 내버려두어야 유희거리들을 찾아내는 창조적인 존재인 법. 이 관점의 차이를 어떻게 설명해야 할지 고민하다가, 내가 만난 밤의 조각들을 꺼내어 보여주기로 한다.

날이 어둑해지면 나는 커튼 대신 밤의 장막을 치고 모니터에 공연 영상 같은 것들을 띄워두었다. 연극, 클래식, 오페라, 뮤지컬, 콘서트, 무용극, 서커스, 패션쇼…… 때로는 조금 난해한 행위예술 퍼포먼스들도 괜찮았다. 미술작품 콜렉션 영상이나 좋아하는 극단의 리허설 같은 것들도 훌륭했다. 코로나 이후엔 작품의 영상화 작업이 더 적극적으로 이루어지기 시작했기에, 영화도 조금씩 찾아보기 시작했다. 촬영에 대해 영화적인 이해가 뒷받침되면 작품이 더 재밌어 보일 것 같아서였다. 누군가 열심히 만든 작품 안에는 언제나 아름다움이 묻어나왔다.

나의 밤은 주로 그랬다. 물론 현장에서 실제로 보는 작품이 가장 좋지만, 금전적이거나 시간적인 제약 때문에 매번 그럴 순 없었다. 와인 한 잔으로 아쉬운 마음을 달래며 최대한 다양한 대안들을 찾아냈다. 제주라는 섬마을에 있든, 남프랑스의 시골 마을에 있든, 나는 어떻게든 작품을 보았고, 공연이 끝난 이후에는 누군가와 작품에 관해 이야기했다. 혼자 공연을 본 날엔 사람 대신 일기장을 앞에 세워두고 말했다. 그 집요한 행위의 이유를 묻는다면 어쩔 수 없이 '그냥. 좋아서'라는 순진한 대답이 언제나 가장 먼저 튀어나왔다.

가끔 작품을 보는 것이 영 내키지 않으면 낮과는 다른 밤의 조각들을 주우러 다녔다. 한낮엔 돌담의 틈 사이로도 하늘이 보일 만큼 모든 것이 선명했지만, 밤이 되면 세상은 달라졌다. 저 멀리서 하얀 달빛이 어스름하게 마을을 비추면 동네 삼촌들은 방 안에 들어앉아 불을 끄고 소리를 죽인 TV 화면을 보았다. 희미한 가로등 불빛이 어두운 골목길을 따라 듬성듬성 늘어섰다. 그렇게도 다채롭던 빛의 세상이 온통 검은색 물감으로 덧씌워지면 눈앞엔 실루엣만 남았다.

귀뚜라미도 살금살금 발뒤꿈치를 들고 다닐 것만 같은 날엔 밤 산책을 하다 말고 눈을 질끈 감아본다. 이다음 가로등까지 이대로 걸어가보면 어떨까 궁금해졌다. 직전까지 눈앞에 보였던 골목길의 모습을 떠올리며, 조심스럽고 천천히 가야 할 길을 더듬어본다. 시각 정보가 차단되니 무심코 지나쳤던 소리가 들린다. 소심한 풀벌레 소리, 멀리서 날아오르는 새 소리, 그리고 바람결에 풀잎이 스치는 소리 같은 것들.

바람의 방향으로 지금 나의 위치를 추측해본다. 맞는 방향으로 가고 있는지 확신이 들지 않아서 고개를 두리번거리다가 희미한 빛이 스미는 것 같은 방향을 찾아낸다. 어설프게 걷다가 실수로 나뭇가지라도 손에 닿을라치면 소스라치게 놀라게 된다. 당장이라도 발밑이 꺼질 것같이 불안하고, 답답해서 심장이 무겁게 뛰는 것 같다. 멀리서 날카로운 자동차 배기음이라도 들리는 순간엔 겁먹은 미어캣처럼 즉시 멈추어 서서 위험이 멀어지기를 기다린다.

손끝으로 해가 내려앉은 지 한참 지난 늦은 밤공기의 온도를 느끼며 걷는다. 어느새 멀었던 가로등 불빛이 가까워진다. 가로등 불빛의 반경 안으로 들어오면 천천히 스며들어오던 빛이 한순간 확 하고 눈꺼풀 위로 달려든다. 빛을 따라 온몸에 퍼지는 안도감에 살며시 눈을 뜬다. 매일 똑같이 걷던 산책길도 밤이 되면 낮과는 전혀 달라졌다. 온전한 어둠의 한복판에서 나는 매 순간 새로운 감각과 감정의 조각들을 만났다.

새롭게 무언가를 만나는 순간은 늘 감격스럽다. 아름다움의 형체를 처음으로 만났던 그 순간엔 팔레트의 모든 색이 하늘이라는 캔버스 위에 올려져 있는 것만 같았다. 파란 하늘이 서서히 주황빛과 분홍빛으로 물들다가, 이내 강렬한 붉은 빛을 마지막으로 다시 보랏빛과 진한 파랑이 온 세상을 뒤덮는 풍경. 언젠가 피렌체에서 만난 노을은 언어가 무색하다는 표현 그 이상이었다. 그렇게도 다양한 빛이 한순간 나타나고 사라지면서 어우러지다니. 그리곤 저렇게나 부드럽게 사람들이 사는 마을 구석구석 녹아내린다니. 형용할 수 없는 그 빛의 향연에 의지와는 상관없이 눈물이 터져나왔다. 사실 노을은 언제든 어디서든 아름다웠을 텐데, 이전의 나는 왜 그 아름다움을 바라볼 생각을 미처 하지 못했던 걸까.

문득 오래전 좋아하고 따르던 국어 선생님이 떠오른다. 어느 봄날 선생님은 수업 도중 갑자기 창밖을 내다보더니 감탄사를 터뜨렸다. 무슨 일인지 궁금해서 목을 쭉 빼 들어보았지만, 운동장엔 아무것도 없었다. 선생님은 몸을 기우뚱거리는 학생들에게 "저 눈부신 초록빛이 보이지 않는다니, 이런 불쌍한 중딩들 같으니"라고 놀리듯 말하곤 씨익 웃으셨다. 그리곤 언젠가 때가 되면 너희에게도 저 빛깔이 보이는 날이 올 거라며, 그러니 나이가 들어가는 것도 좀 멋지고 기대할 만한 일이라는 말을 마지막으로 다시 교과서를 펼쳐 드셨다. 그렇게 생각하면 빛나는 초록도, 온갖 색깔의 노을도, 새로운 밤의 조각들도 다 보일 때가 되어서 보였던 것일지도 모른다.

지금 사는 곳으로 이사 오기 전 10년간 내가 살았던 마을은 반딧불이가 나오는 마을이었다. 여름밤 어둑한 마을 길을 걷다 보면 돌담 너머에서 퐁, 퐁, 하고 반딧불이가 날아올랐다. 그럴 때면 늘 다니던 길도 마치 동화 속의 한 페이지처럼 변하는 것만 같았다. 마을 아래로 생태 숲길을 따라 걸으면 바다가 나왔고, 위로는 야트막한 오름이 하나 있었다. 반딧불이를 좇아 낯선 길로 발을 들이밀다 보면 온 사방이 아름답고 흥미로웠다. 언제나 나는 새로운 호기심으로 즐거이 익숙한 곳을 탐험했다. 지루할 틈이 없었다.

흥미로운 조각들은 때로 방 안에서도 발견할 수 있었다. 방구석에만 갇혀 있어야 했던 코로나 시절, 답답하고 지루한 마음은 날 더욱더 창조적인 탐험가로 만들었다. 어떤 날은 풍선을 후후훅 불어 움직일 때마다 발에 차이도록 방 안 가득 찰랑거리는 공기 방울을 만들어두곤 빙글빙글 바다를 맴돌며 춤을 추었다. 광원이 각기 다른 삼색 조명등을 방구석에 설치해 두고 벽지에 일그러지는 그림자를 새겨본다든가 하는 소소한 장치만으로도 온 집 안이 매번 새로워졌다. 나는 그렇게 매분 매초 확장된 흥미로운 순간들을 만났다.

그러고 보니 2년 전, 지금 사는 안락한 아파트로 이사를 오고 난 후엔 밤 산책을 자주 하지 않았다. 낯선 공간과 친해질 시간이 필요해서 한참을 집 안에만 머물렀던 걸까. 아니면 일상에 스며드는 편안함에 나도 모르게 그저 얇은 샤워가운 하나 입고 침대에 몸을 파묻곤 했던 걸까. 이유야 어쨌든 오늘은 간만에 밤 산책을 나서본다. 11월의 초겨울, 10시의 밤공기는 생각보다 차갑지 않다. 천천히 오래 걷고 싶어서 가벼운 몸으로 집을 나섰다.

지금 사는 곳에서 바닷길에 닿기까지는 내 걸음으로 약 15분. 그러고 보니 이전에도 비슷한 정도의 거리였다는 사실을 깨닫는다. 포구의 등대에서 쏟아지는 빛이 어김없이 부서지는 파도를 따라 반짝거리며 흩어진다. 바위와 물결의 경계에 서서 사랑해 마지않는 밤의 조각을 바라본다. 형형히 빛나는 네온사인이나 반짝거리는 다이아몬드보다 나에게 더 귀한 값어치를 가진 빛 조각들.

윤슬은 낮이나 밤이나 그곳에 있었고, 어쩌면 그것이 내가 태양만큼이나 바다를 사랑했던 이유일지도 모르겠다고 생각하며 바닷길을 따라 걷기 시작했다. 가로등이 가까워지고 멀어지거나, 갯바위가 보였다가 사라진다. 오랜만에 만나는 순간이 더 선명했으면 하는 마음에 잠시 멈추어 서서 안경알을 닦는다. 깨끗해진 안경은 처음으로 안과 의자에 앉은 날의 기억을 떠올리게 한다. 렌즈들을 모아놓은 크고 바보 같은 기계를 앞에 두고 찰칵, 찰칵, 렌즈들을 돌리다가 어느 순간 또렷이 상이 맺힐 때의 기분 좋은 느낌.

그 이후로는 쭈욱 안경을 통해 세상을 보았다. 때로 흐린 눈으로 세상을 바라보는 것이 마음 편할 때도 있다지만, 내 성질머리는 날 그렇게 놔두지 않았다. 대상이 흐릿하고 잘 안 보일수록 나는 오랫동안 들여다보았고, 기어이 무언가를 알아내야 직성이 풀렸다. 안 풀리는 수학 문제 하나를 붙잡고 며칠이나 끙끙대며 씨름하던 어린 시절의 집요한 고집도 이 때문일 것이다. 시간이 흐르며 바라봄의 대상이 더 복잡하고 추상적인 것들로 바뀌었다. 두어 줄짜리 수학 문제는 아무리 어려워도 이삼 일이면 해결이 되었는데, 세상엔 그렇지 않은 게 많았다.

혈기 가득한 스무 살의 나에게 현실은 그 이상 망가질 수 없는 시궁창 같았고, 이해되지 않는 세상이 그럼에도 불구하고 아름다워 보일 때는 더 당황해서 허둥거렸다. 이유가 뭘까. 도대체 세상은 나에게 왜 그러는 걸까. 안경 말고 새로운 보조 도구가 필요했다. 세상을 더 선명하게 이해하게 해줄 새로운 무언가가. 돌이켜보면 그게 예술이었겠다고 생각하며 다시 갯

바위 위에 선다. 나는 지금 무엇을 바라보고 있는 걸까. 저 먼 등대의 불빛이 유영하며, 어둠 속에 하나의 선을 그려낸다. 그 선은, 100명의 사람에게 100가지의 상징으로 읽힐지 모른다.

늦은 밤에도 여전히 바다 위를 수놓는 아름다운 빛을 바라본다. 처음엔 낯설고 알 수 없는 것이 궁금해 눈길을 주었다. 그렇게 오래도록 응시하다 보면 점차 그 대상을 이해하게 되고, 이해할수록 사랑이 스며든다. 어느새 그 아름다움에 매료되어 눈을 뗄 수 없게 된다. 스치는 아름다운 순간들이 아쉬워 자꾸만 돌아보며 길을 걸었다. 잃어버렸던 새벽 5시와 같은 무언가를 찾아낸 것만 같은 산책길이었다.

돌아오는 길에는 고개를 젖혀 하늘을 보았다. 가로등 불빛이 별빛을 집어삼켰다고 생각했는데, 의외로 총총 별이 빛나고 있다. 어쩌면 내 눈을 가렸던 건 새로운 둥지에 대해 편견과 아집에 사로잡혀 있었던 나 자신이었을지도 모르겠다. 늘 그래왔듯이, 다만 아직 찾지 못했을 뿐, 사실 아름다움은 언제나 바로 그 자리에 있었다.

23시

부부

이랑

해외영업 회사원, 영어 강사, 환경단체 활동가 등 다양한 일을 하며, 언제나 엄마라는 정체성을 삶의 중심에 두고 살아왔다. 좋은 엄마가 되기 위한 노력은 더 나은 인간으로 성장하려는 바람으로 이어졌고, 지금은 나만의 '조화로운 삶'을 고민하며 제주도에서 실험적인 삶을 이어가고 있다.

연애 5년, 결혼 15년 차인 우리 부부는 아직도 서로를 뜨겁게 사랑한다. 물론 연애 시절 서로를 미치도록 욕망했던 그 뜨거움과는 사뭇 다르지만, 우리는 여전히 하루를 마무리하는 둘만의 시간을 애타게 기다린다. 아이들을 재운 후 거의 매일 나가는 밤 산책이나 차 한 잔을 마시며 나누는 대화는 하루 중 가장 소중한 시간이다. 이쯤에서 이런 의문이 들지도 모른다. 과연 이런 부부가 실제로 존재할까? 하지만 우리는 나이를 먹을수록 서로를 더 애틋하게 바라보며, 더욱 단단한 신뢰를 쌓아갈 수 있었다. 그렇다면 어떻게 이런 관계가 가능했을까? 단언컨대, 처음부터 디즈니 영화의 로맨스처럼 완벽했던 건 아니다. 죽을 만큼 아팠던 고통과 피나는 노력, 그리고 운이 따랐기에 가능했다.

이십대 초반, 선크림 하나 바르지 않아도 누더기를 걸쳐도 저절로 광채가 나던 푸르른 시절, 우리는 서로에게 첫눈에 반했다. 화산 폭발하듯 격렬히 서로를 탐했고, 365일을 만나도 부족할 정도로 열기가 뜨거웠다. 하지만 모든 활화산이 그렇듯, 우리의 영원불멸할 것 같던 열정도 서서히 꺼져갔다.

나는 이기적이고 냉소적이었다. 그는 매니저가 연예인을 챙기듯 나를 우선순위로 대했다. 그의 옆에 있으면 늘 공주가 된 기분이었다. 나는 그의 감정을 쉽게 무시했고, 그의 배려를 당연하게 여겼다. 반면에 그는 완벽주의자였고 집착이 심했다. 그 당시 내 전공인 경제학과엔 남학생 비율이 높았는데 그는 내 학교에 수시로 찾아와 수업을 듣고, 동아리 활동까지 참여하며 자신이 내 남자친구임을 온 천하에 광고했다. 파진 상의와 짧은 하의를 못 입게 통제했고, 휴대폰 문자와 통화 목록까지 검사했다.

한 번씩 욱하는 성격이 나오면, 나는 그에게 의처증에 정신병자라며 독설을 퍼부었고, 길거리 한복판이든 주말 지하철 안이든 개의치 않고 하이힐 뒷굽이나 핸드백으로 그의 몸을 사정없이 때렸다. 내가 반기를 들수록 그는 오히려 자신의 삶을 더 제쳐두고 더 극진히 내 삶에 집중하며 나를 옥죄었다. 싸울 때마다 헤어지자고 으르렁대다가도 어느 순간 서로 울며 부둥켜안고 금세 다시 서로에게 매혹되었다. 말 그대로 폭력과 모순이 난무하는 미치광이들의 로맨스였다. 보통의 커플이라면 이미 연을 끊었을 테지만, 우리는 웃기게도 양가 부모님 모두 반대하는 결혼식을 올렸다.

돌아보면 우리의 관계는 깊은 결핍에서 비롯되었다. 그는 어린 시절 부모에게 방치된 환경에서 홀로 생존하다시피 자랐고, 나는 일거수일투족을 통제받으며 꼭두각시처럼 자랐다. 그는 단지 먹고살기 위해 안 해본 아르바이트가 없을 정도로 피폐했고, 나는 통장 하나 만들기도 두려운 생활 바보였다. 그는 부족한 엄마의 사랑 때문에, 그리고 나는 지나친 엄마의 사랑 때문에 결핍이 깊었다. 그런 우리는 다르지만 같았다. 결혼 후에도 그는 자신이 받고 싶은 만큼의 헌신적인 사랑을 주며 사랑을 갈구했지만, 나는 그가 기대하는 만큼의 사랑을 줄 수 없었다. 나 역시 나를 칭송하고 떠받들어달라고 조르는 방식으로 그의 인정을 갈구했지만, 내 목마름은 결코 해소되지 않았다.

그러다 아이들이 생겼다. 이 관계에 운이 좋았다고 할 수 있는 지점은 바로 여기다. 우리 부부는 불행한 가정에서 자랐기에, 내 아이에게만큼은 행복한 가족을 주고 싶다는 욕구가 무척 강했다. 특히 나는 "너 때문에 우리가 싸우는 거야, 내가 너 때문에 네 아빠랑 산다"라는 말을 평생 들어왔기에, 내 아이에게만큼은 그런 상처를 주고 싶지 않았다. 그러나 역설적이게도 엄마가 된 후에야 비로소 알게 되었다. 도망가고 싶었던 엄마의 모습이 내 안에 그대로 새겨져 있었다는 사실을. 엄마에게 외모 열등감을 물려받은 나는 행여나 아이의 이마가 좁아질까봐, 키가 크지 않을까봐 전전긍긍하며 '머리카락 올려라, 일찍 자라' 같은 잔소리를 해댔다. 남편 또한 아이의 작은 실수에도 불같이 화를 내며 그의 아빠와 같은 모습을 보였다.

우리는 각자의 부모에게 받은 상처를 무의식적으로 아이들에게 대물림하고 있었다. 그 모습을 목격할 때마다 서로를 향해 "왜 또 애한테 난리야?"라고 쏘아붙이며 불씨를 지폈고,

그 불씨는 곧 서로에게 쌓인 불만으로 옮겨붙어 거센 싸움으로 번지곤 했다. 그러나 아이들을 위해 헤어질 수 없다는 절박함과 사랑하는 부모가 되어야 한다는 병적인 신념은 끝없는 싸움을 치열한 대화로 바꾸어놓았다.

그 무렵, 고난을 겪으며 우리의 관계가 깊어지기도 했다. 아이들의 심각한 면역질환과 남편의 직장 문제를 함께 헤쳐나가며 우리는 진정한 한 팀임을 깨달았다. 국회의 난투극을 연상케 하는 치고받는 논쟁을 여전히 벌이기도 했지만, 점차 간당간당한 선을 지키며 논리와 근거로 서로를 설득하는 '100분 토론' 같은 대화가 늘어갔다. 희번한 새벽빛이 집 안으로 스며들 때까지 이어진 대화가, 지탄으로 시작해 위로와 공감으로 마무리된 날도 있었다. 그렇게 우리는 조금씩 변화했다. 서로의 단점을 들추며 비난하던 말들은 상대를 이해하려는 노력으로 변했고, 마음 깊은 곳에 묻혀 있던 어린 시절의 상처를 들여다보기 시작했다. 그 과정에서 서로를 힘들게 했던 행동의 근원을 이해할 수 있게 되었고, 비로소 상대의 고통을 온전히 껴안을 수 있었다.

어느 날은 대화를 통해 남편의 내면 깊이 숨어 있던, 버림받는 것이 두려운 아이를 함께 만나기도 했다. 그 아이는 평생 모든 사람을 불신하며 살았다. 그럼에도, 단 한 사람에게라도 미움받는 상황을 견디지 못해 어디서든 타인의 필요를 맞추며 자신을 희생시켰다. 부모의 돌봄을 받지 못했던 어린 그에게 생사여탈권은 늘 타인의 손에 달려 있었다. 그래서 타인의 미움은 곧 자신에게 사망선고처럼 느껴졌다. 그런 세상에서, 유일하게 믿을 수 있었던 존재인 나를 만났고, 나를 잃을까봐 두려운 마음은 점차 집착으로 변했다. 이렇게 우리의 대화는 타임머신을 타듯, 그와 나를 늘 과거로 데려갔다.

"당신이 중학생 때 뇌수막염에 걸려 사지가 뒤틀리는데도 아프다고 말할 어른이 없어 3일 동안 아무것도 먹지 못한 채 방 안에 누워 괴로워했을 때 얼마나 외로웠어?"

내가 무감각하게 굴어 그를 서운하게 만드는 패턴의 뿌리도 대화를 통해 발견할 수 있었다. 나는 종종 생각이 끊기고, 마음이 한순간에 닫혀버리곤 한다. 차갑고 이기적이며, 때로는 나르시시스트에 가까운 나의 성향은 그를 매번 분노하게 만들었다. "넌 왜 이렇게 너밖에 몰라?"라는 그의 공격에 나의 입장을 고집하며 변명하고 합리화하다 어느새 어린 시절까지 더듬어갔다.

스물한 살, 꿈 많던 엄마는 아홉 살 많은 아빠와 혼인신고만 한 채 단칸방에서 살림을 시작했다. 아빠의 본 모습을 파악하기도 전에 덜컥 임신이 됐고, 그 후에는 책임과 의무만이 엄마를 그림자처럼 따라다녔다. 아빠는 사업을 한다며 밤낮 없이 바빴고, 엄마는 그런 아빠를 돕기 위해 식모처럼 살았다. 아내가 있음에도 바람을 피우고 딴 살림을 차리는 게 흔했던 시절, 엄마는 아빠의 사업자금을 대신 구하러 다니고 빚은 떠안았으면서도 딴 여자에게 갔다 돌아오는 아빠에게 싫은 소리 한번 제대로 내보지 못했다.

그런 엄마의 화가 한 번씩 쏟아져나올 때면, 죽도든, 기타든, 빗자루든 뭐든 손에 잡히는 대로 아빠와 똑 닮은 나를 때렸다. 학교에서든 가정에서든 '사랑의 매'가 합법적으로 통용되던 시절이었다. 첫 기억으로 남아 있는 어린 시절부터 엄마의 취향과 생각에 나를 맞추며 쥐 죽은 듯 살았다. 그게 내가 살 길이라고 믿었고, 고생만 하는 불쌍한 엄마를 위해 내가 할 수 있는 최선이었다. 그렇게 감정을 죽이며 살다보니 어떤 감정도 느낄 수 없었고, 타인의 감정 또한 잘 감지할 수 없었다는 걸 남편과의 어느 대화 속에 깨달았다.

"중학교 2학년 때 먹기 싫은 채소를 안 먹는다고 투정 부렸을 때, 친구가 보는 앞에서 매질을 당하고 두 손 들고 화장실에 갇혀 벌섰다고 했잖아. 그때 정말 모욕감을 느꼈겠다."

그렇게 우리 부부는 서로에게 충실한 심리상담가가 되어주었다.

부부의 대화가 깊어지면서, 삶에 대한 질문도 자연스럽게 더 심오해졌다. 나는 누구인지, 무엇을 좋아하는지, 삶의 진정한 의미는 무엇인지 대해 고민하기 시작했다. '진짜 나'를 찾고 싶었다. 성인이 된 후, 나는 오랫동안 엄마의 꿈을 내 꿈으로 착각하며 살아왔다. 명문대에 진학하고, 대기업에 입사해 커리어 우먼이 되는 엄마의 소원을 대신 이루었지만, 그 과정에서 느낀 허무함은 이루 말할 수 없었다. 엄마가 반대하는 결혼을 밀어붙이고, 엄마가 원하던 직장을 박차고 나온 결정은 어쩌면 살고 싶다고, 나 여기 있다고 외치는 또 다른 나의 마지막 발버둥이었을지도 모른다.

남편 또한 자신의 아빠처럼 무책임한 가장이 되고 싶지 않았다. 자신이 이룬 가족만큼은 평탄한 가정환경을 누리길 바랐다. 여러 중소기업을 거쳐 탄탄히 쌓은 경력을 인정받아 공기업 계약직으로 입사했지만, 갑상선 항진증과 척추 측만증, 디스크라는 대가를 치른 후에야 정규직 타이틀을 얻을 수 있었다. 정년까지 보장된 직장에서 높은 연봉과 각종 복지 혜택, 연금까지 나오는 안정적인 삶을 손에 넣었지만, 그 자리를 얻고 나자 오히려 공허함이 밀려왔다. 몇십 년의 미래 계획이 손쉽게 그려졌고, 그 삶이 어떻게 펼쳐질지 한눈에 보였다. "이게 정말 우리가 원하는 삶일까?" 우리는 밤마다 서로에게 물었다.

그러던 중 남편은 회사 차량이 폐차될 정도의 교통사고를 당했지만, 멀쩡한 몸으로 기어나오는 기적 같은 경험을 했다. 그 일을 계기로 남편은 육아휴직을 신청했고, 나는 프리랜서 일을 내려놓았다. 그동안 악착같이 모아둔 적금을 탈탈 털어

유럽과 중동을 방랑하며, 우리가 살아온 세상의 시스템이 정답이 아님은 물론, 오류가 가득하다는 사실을 확인했다. 남편은 육아휴직 4년을 꽉 채운 뒤 직장에 복귀했다. 1년간 재정비를 마치고, 마침내 꿈꿔왔던 제주도로 온 가족이 뿌리째 이주할 수 있었다.

작은 발이 미인의 조건이라 믿고, 어린 소녀의 발을 틀에 가둬 성장을 억눌렀던 중국의 풍습처럼, 우리의 삶도 그렇게 제한되어 있었다. 온전히 나 자신으로 자라지 못한 채, 마음속에는 구멍과 상처가 가득했다. 그러나 운명처럼 서로를 만난 우리는, 그 상처들을 함께 치유해왔다. 그리고 그 회복의 여정은 자연스럽게 부모를 향한 이해로 이어졌다. 우리 자신이 그러했듯, 그들 역시 자신의 고통과 결핍 속에서 최선을 다해 사랑했음을 깨달았다. 그들의 연약함은 더이상 원망의 대상이 아니라, 인간적인 연민과 공감으로 다가왔다.

성숙한 관계가 서로의 생각을 존중하고, 적당한 거리와 온도를 유지하는 것이라면, 우리는 그 정의에 가까운 사이는 아니었다. 우리는 오히려 서로를 까발리고, 해체함으로써 헐벗은 자아와 마주하게 돕는 관계였다. 하지만 중요한 건 그 과정 속에서, 스스로조차 사랑하지 못하는 내 모습까지도 서로 포기하지 않고 끌어안았다는 점이다. 있는 그대로의 나를 수용받는 경험은, 결국 우리에게 자신을 사랑할 용기를 주었다.

밤 11시, 고요한 바다 한가운데서 발하는 총총한 어선 불빛과 별바다가 어둑한 사위를 밝히는 달빛 아래, 그와 나는 두 손을 깍지 껴 맞잡은 채 돌담을 따라 네 발은 바쁘게 걸으며, 두 입은 쉬지 않고 이야기를 나눈다. 결핍과 욕망을 가진, 피해 의식과 열등감이 작동하는, 온전함을 향해 나아가려 노력하지만 완전함을 바라보며 넘어지는 미성숙한 인간들이기에 매일 나누는 대화가 항상 유쾌한 건 아니다.

하지만 이제는 안다. 휘몰아치던 감정은 반드시 지나갈 것이며, 그 감정은 내가 아니라는 것을. 생각은 그저 생각일 뿐임을. 유쾌하지 못했던 그 대화조차도 나중에 함께 되짚고 분석하다 보면 우리에게 또 다른 깨달음을 준다는 사실을. 서로의 내면을 깊숙이 침투하는 불편한 대화를 이제는 유희로 삼으니, 우리의 로맨스는 여전히 '정상'에서 벗어나 있는 게 아닐까.

24시

불행하지 않은 밤

양민희

하루 종일 하늘만 바라보고 있어도 좋을 것 같은 굼벵이 스타일. 좁고 깊게 사귄 사람들과 더 오랜 인연을 맺어가길 원하는 사람. 잘하는 게 무엇인지 모르겠어서 꾸준히 하는 것을 장점으로 그럴듯하게 포장해서 살고 있는 중. 정의가 승리하는 세상을 꿈꾸는 이상가.

고요한 밤, 나는 고양이가 된 것처럼 예민한 청각으로 세상을 느낀다. 어둠에게 빼앗긴 눈을 대신해 온몸이 귀로 변신한 듯하다. 희미하게 들리던 지나가는 사람의 발걸음 소리가 어느 틈에 집 안으로 불쑥 옮겨온 것 같아 갑자기 몸이 굳는다.

온몸을 감싸는 포근함이 그리워 보드라운 이불 안으로 쏙 들어가 누워 있으니 스르르 마음이 풀리며 자연스레 오늘 하루 있었던 일들이 떠오른다. 내가 오늘 하루 뭐 했지, 차근차근 시간을 거슬러보다가 어느 한 장면에 멈춤 버튼이 눌러진다.

'나 왜 그렇게 바보 같았지……' 나에게 쏟아지는 질책에 단 한마디 변명도 하지 못하고 왜 그대로 얼어붙어 있었을까. 후회와 한숨이 자연스레 이불 킥으로 이어진다. 뒤늦은 반성들로 가득한 내 방 안의 어둠이 아까보다 몇 배는 더 짙어진 듯하다.

하루하루가 매일 완벽할 수 없다는 건 알고 있다. 완벽하지 않더라도 의미가 없는 것은 아니라고 되뇌어본다. 어제의 나와 지금의 나는 다른 존재이고, 내일의 나 또한 또 다른 시간을 경험해본 지금과 달라진 나인 것이니, 단 이것은 성실하게 살기라는 규칙을 지켰을 때만 이뤄질 수 있는 말이다. 이미 태어난 이상 내 삶의 운전자는 오로지 나 하나이고, 소중한 그것이 아무 길이나 들어서서 한없이 헤매게 둘 수는 없는 노릇이다. 그러니까 오늘 하루도 성실하게 보낸 나를 대견해하기로 한다.

어느 밤에 잘 준비를 하고 있는데 지네가 거실에 나왔다. 벌레를 많이 무서워하는 나로서는 기겁할 일이었다. 제주에 올 때 마당이 있는 전원주택을 선택하지 않은 이유도 벌레와 대면하는 일을 최대한 줄이고자 하는 마음 때문이었다. 지네는 눈 깜짝할 사이란 표현이 실감날 정도로 빠르게 거실 반을 가로질렀다. 돌고래 소리가 자동으로 튀어나왔고, 조용히 다가온 남편이 재빠르게 지네를 처리해주어서 다행히 내 성대는 무사할 수 있었다. 그 후 지네가 지나간 카펫 자리를 내려다보는데 마치 사건 현장 접근 금지 테이프가 둘러쳐져 있는 것처럼 유독 그 자리만 눈에 들어왔고 도저히 그 자리 위에 앉을 수 없을 것 같았다. 맨발로 지나가는 건 더더욱 불가능한 일이었다. 깊은 밤이라 세탁기를 돌릴 수도 없어 어쩔 수 없이 그대로 두고 잠을 청했다.

다음 날, 부산하게 아이들을 등교 준비해서 보내고 문득 알게 되었다. 내가 어제 지네가 있던 자리를 무심코 밟았다는 걸. 그런데 어제 생각한 것처럼 끔찍하게 느껴지지 않았다. 사실 지네가 어젯밤 내 눈에 보였을 뿐이지 언제부터 우리가 동거를 시작했는지는 알 수 없는 것이 사실이었고, 벽 하나를 사이에 두고 밖은 풀과 나무 천지인 이곳에서 지네의 활동 반경을 내가 정할 수 있는지도 의문이 들었다.

분명 너무 늦은 밤이라 지네가 발자취를 남긴 카페트를 빨 수 없어서 속상해했는데 시간이 지나고 나니 무뎌지는구나. 밤의 물리적, 심리적 간극은 나를 변하게 했다. 힘든 일이 있더라도 밤이라는 터널을 지나고 나면 다시 한번 새로운 하루를 시작할 수 있는 힘이 생긴다. 그렇게 밤은 상처를, 고통을 치유해주는 반창고가 된다.

눈을 들어 시계를 본다. 내가 이 생각 저 생각을 더듬는 사이 오늘이라고 말하던 날짜가 바뀌어 있었다. 어릴 때는 방금까지도 오늘이었던 순간이 눈 깜박임 한 번 할 시간이 흘렀다고 어제가 돼버리는 게 너무 이상하다고 생각했다. 1초라는 시간이 어떤 자격으로 무 자르듯 단번에 어제와 오늘을 가를 수 있는지 정말 작위적이지 않은가. 그 느낌은 새해가 될 때 최고조에 이르렀다. 단 한 번도 쉬지 않고 움직이는 초침의 눈금 한 칸 움직임에 1년이라는 시간이 바뀔 수 있다니, 심지어 그것과 함께 한국 나이도 변한다니. 도대체 사람들은 시간을 왜 자꾸 나누고 가르는 걸까. 24시간을 기점으로 하루를 나누어 살아가는 이유는 뭘까.

돌이켜보면 하루를 보내는 동안 날카롭게 벼려지다 못해 끊어지기 직전인 내 과민한 신경들도 하루의 끝이 있어야만 견뎌낼 수 있었던 것 같다. 나의 단점을 드러내고 싶지 않아 감추고 감추느라 애쓰는 사이, 내 잘못 때문이라는 소리를 어떻게든 듣고 싶지 않아 무리하게 나를 밀어붙이는 낮 동안의 긴장감을 밤이라는 시간 동안 풀어내는 거다. 어둠을 이불 삼아 아무도 보지 못할 거라 믿으며 날것 그대로의 내 모습으로 숨 쉴 시간을 주어야 했기에 시간을 나누고 어제와 내일을 나누며 하루의 끝이라는 종료 지점이 필요했던 게 아닐까 싶다.

끝을 알고 있는 사람은 그곳을 향해 가며 자기에게 맞도록 속도의 완급을 조절해 완주할 수 있고, 언제 자기 능력을 최대한 끌어올려야 하는지 알 수 있는 법이다. 설령 자신의 목표를 이루지 못했다 하더라도 다시 시작할 기회가 필요하기에 쉼표 같은 밤이 찾아오는 것이다. 내일의 나는 오늘의 너에게 고마워하겠지. 지나간 하루하루를 소중히 쌓아올린 사람만이 느낄 수 있는 안정감을 느끼며 새로운 하루를 보낼 수 있을 테니.

항상 행복하게 살고 싶다고 말하는데, 오늘 하루는 행복했는지 되짚어본다. 하루에 몇 번이나 행복을 말하거나 생각하는지 곱씹어보았다. 따뜻한 차 한 잔을 들고 야외가 잘 보이는 유리창 앞에 앉아 밝은 햇살에 빛나는 나무를 본다고 상상했을 때, 나는 행복하다고 느낄지언정 '아, 좋다'라고 말할 뿐이다. 이와 비슷한 경우를 더 생각해본다. 귀여운 강아지가 애교

부리는 모습을 봐서 좋았고, 폭신한 의자에 앉아 내가 좋아하는 노래를 들어서 좋았고, 갓 요리되어 나와 진한 버터향을 풍기는 따끈따끈한 빵을 한 입 베어물어서 좋았고, 길을 가다 갑자기 정원에 초대된 듯 꽃 향기가 훅 밀려 들어와서 좋았다. 그런데 그 순간마다 나는 행복하다는 말을 쓰지 않았다. 행복은 행운처럼 자주 오지 않는 것이기에, 아주 거대한 기쁨을 느낄 때만 사용하기로 자신에게 약속한 것처럼. 잠들기 전, 오늘 하루를 되짚어볼 때도 그 찰나의 순간들은 쉽사리 떠오르지 않는다.

행복이란 단어가 기분 좋고, 재미있고, 신나는 상황을 모두 다 아우르는 너무 포괄적인 말이라서 자주 떠오르지 않는 건 아닐까. 굳이 행복이라는 말을 하지 않아도 다른 언어로 대체될 수 있으니 말이다. 그래서 그 좋았던 순간들을 다 '불행하지 않았어'라고 기억해두면 어떨지 상상해본다. 살펴보면 딱히 특별하지 않아도, 아주 사소한 일로도 좋은 감정은 자주 느낄 수 있다. 그런데도 사람들은 그 순간을 오래오래 기억하지 못하고 불편하고 화나고 억울했던 좋지 않은 기억에 그 기분과 함께 오래 머물고 만다. 그러니 좋지 않은 기억을 흐리게 만들어줄 소소한 순간순간들을 '이 순간 불행하지 않았어'라고 머리와 몸에 차곡차곡 저장해두는 거다. 그래서 오늘 하루 불행하지 않은 일들이 가득했다고 여기며 내가 나쁜 감정에 물들지 않도록. 다람쥐가 추운 겨울을 나기 위해 매일 도토리를 찾아 자기 집에 모아두는 것처럼, 나도 불행하지 않은 기억을 모아두면 나의 하루가 외롭지 않은 밤을 맞을 수 있게 되지 않을까.

오늘을 돌아본다. 불행하지 않은 순간들이 쌓여 있다. 비록 '행복'이라 이름 붙이진 않았지만, 그것들이 나를 미소 짓게 한다. 나의 오늘이 이렇게 이어지길, 내일도 그러하기를. 그리하여 불행하지 않은 하루들이 모여, 나의 삶이 온기를 품기를.

책을 닫으며

한 문장씩 쌓아올린 시간

햇살을 받아 반짝이는 제주 바다의 잔물결처럼 여러분들의 모든 순간 또한 빛나는 추억이길 기원합니다. 막연했던 첫발을 내딛게 도와주신 강건모 작가님, 함덕32의 배진섭님, 박지영님 그리고 함께한 모든 분들께 감사드립니다.

— 고창화(「김밥을 말며」)

글에도 향기가 있다는 걸 느낀 100일이었습니다. 글벗님들의 글향에 행복한 시간이었습니다. 저의 글도 글벗님들과 독자들께 부디 그랬으면 좋겠습니다.

― 기낭(「당신의 갱년기는 몇 시인가요」·「그림자가 사라지면 내가 보인다」)

권정생 작가의 유언장을 자주 옮겨 쓴다. 특히 '제 예금 통장 다 정리되면 나머지는 북쪽 굶주리는 아이들에게 보내주세요'를 찐하게 눌러 쓴다. 앞으로 책을 내 돈을 번다면 어떻게 사용할지 수상 소감을 정리하듯 정리해본다.

― 김싱숭(「○새○벽○두○시○함○덕○삼○십○이○」·「소등하는 시간」)

일기 같은 글에서 독자가 있는 글로, 글이 책이 되는 과정을 배웠습니다. 온갖 다양한 경험과 직업을 가진 열여섯 명의 사람들이 제주라는 한 공간에서 함께 쓰고 읽었습니다. 글로 나눈 따뜻한 마음이 저절로 겸손해지는 시간을 만들어주었습니다.

― 김윤옥(「나는 여기 잘 도착했다」)

여러 생각과 고민들이 에세이 한 편에 담겼습니다. 이 책을 손에 든 당신도 그런 하루의 끝자락에서 이 글을 마주했으면 합니다.

— 말로장생(「안녕, 4시」)

100일 동안 글을 쓰고 싶었을 뿐인데 얼떨결에 출간까지 하게 되었습니다. 역시 인생은 한 치 앞도 알 수 없는 것이군요. 참으로 재미있습니다. 한 번쯤은 살아볼 만한 것 같아요.

— 민은지(「제주에서 12년째 실험 중」·「밤의 조각들」)

다사다난한 글쓰기 과정이었으나 유종有終하게 되어 보람되었습니다. 백희나, 사이다, 피터 레이놀즈, 이보나 흐미엘레프스카, 요시타케 신스케, 코리나 루켄, 키티 크라우더, 바버라 쿠니 등 그림책 작가님들을 더욱 존경하게 되었습니다.

— 박민진(「나의 북토피아」)

문득 제주에 오게 된 것처럼, 문득 함덕32 프로젝트에 참여하게 된 것처럼, 저는 '문득'이라는 단어를 좋아합니다. 우연히 찾아오는 것들이 오래된 것들처럼 반갑고, 뜻밖의 일들로 삶의 의미들이 풍성해짐을 느낍니다. 모든 것은 연결되어 있다는 믿음으로 살아가려 합니다. 다른 이들과 함께 배우며 닮아가고 힘이 되는 사이를 꿈꿉니다.

— 배윤정(「숲속의 수레바퀴」·「애월의 달」)

100일 동안 쓰는 사람으로 살아보는 특별한 경험을 했습니다. 매주 목요일 저녁, 우리 모두가 하나가 되어 서로의 이야기에 귀기울여주던 수업 시간을 오랫동안 잊지 못할 것 같습니다. 따뜻한 응원과 격려 덕분에 제 글이 세상에 나올수 있는 용기를 얻었습니다. 편안하고 부드럽게 저희를 이끌어주신 강건모 작가님과 열정적으로 함께한 글벗들에게 감사드립니다.

— 손정은(「묵언 밤 산책」·「내 인생의 리셋 버튼」)

생각에만 갇혀 있던 것을 글로 꺼내어 풀어주고 난 뒤, 나라는 사람과 한 걸음 가까워진 느낌입니다. 100일이라는 시간 동안 글로, 마음으로 많은 울림이 전해졌습니다. 모든 분들이 온몸으로 가르침을 주셨습니다. 시간과 공간을 함께 나눈 분들께 깊이 감사드립니다.

— 양민희(「나와 친해지기」·「불행하지 않은 밤」)

글쓰기를 배운 적 없는 내가 왜 쓰는지는 알 수 없었지만, 왜 그곳에서 그들과 함께하는지는 분명해졌다. 혼자였던 마음이 글로 연결되었고, 말이 되지 않았던 감정이 조심스레 문장이 되었다. 그리고 그 과정을 함께 지켜봐주는 사람들이 있었기에, 나는 쓰는 사람이 아니라 쓰는 '존재'가 되어가고 있었다.

— 오순주(「어제와 다른 나로 거듭나기」)

자유로워지기 위해 글을 씁니다. 홀로 글의 주제와 씨름하고, 함께 글을 다듬는 과정을 반복하며 내가 고집하던 틀과 나의 한계와 마주할 수 있었습니다. 전보다는 조금 더 자유로워진 것 같습니다.

— 이랑(「불편한 진실」·「부부」)

제주의 시간 안으로 걸어가봅니다. 나의 시간 안으로 들어가봅니다. 왠지 초행길의 설렘과 두려움이 교차합니다. 나의 시간을 만나는 일들은 역시나 편하지만은 않습니다. 자주 가다보면 익숙해지겠지요.

— 전근아(「이제 어둠에 스며들어볼까」)

끝이 보이지 않았던 애도의 한 챕터를 무사히 넘겼습니다. 우리가 함께 글을 쓰고 읽었던 시간을 오래 기억하겠습니다.

― 조미연(「작은 창문」)

고요하고 아름다운 때를 기록한 이 책을 같이한 분들께 선물할 수 있게 되어서 기쁩니다.

― 청정(「고요」·「아름다운 때」)

글을 쓰는 과정에서 숨겨진 이야기가 조용히 깨어났습니다. 그저 흐른다고만 생각했는데, 매 순간 나름의 의미로 가득 차 있었어요. 단순한 기록을 넘어, 시간 속에 묻혀 있던 나의 이야기를 발견하고 재해석하는 소중한 여정이었습니다.

― 홍진영(「대체로 행복합니다」·「레드선, 구남동」)

나는 여기
잘
도착했다

―――――

우리가 마주한
제주의 하루

초판 1쇄 발행 2025년 5월 30일

지은이 고창화·기낭·김싱숭·김윤옥·말로장생·민은지·박민진·배윤정
　　　　손정은·양민희·오순주·이랑·전근아·조미연·청정·홍진영
편집 강건모
표지 그림 클로이

판매처 문예원

펴낸이 배진섭
펴낸곳 도서출판 함덕32
출판등록 2018년 12월 3일 제651-2018-000045호

주소 제주특별자치도 제주시 조천읍 함덕로 32 ⓤ63333
전화 064) 784-6600
전자우편 bookhamdeok32@naver.com

ISBN 979-11-990939-0-4　03810

* 이 책의 판권은 지은이와 도서출판 함덕32에 있습니다.
* 이 책 내용의 전부 또는 일부를 재사용하려면 반드시 양측의 서면 동의를 받아야 합니다.